어휘 방망이로 문해력을 뚝딱!

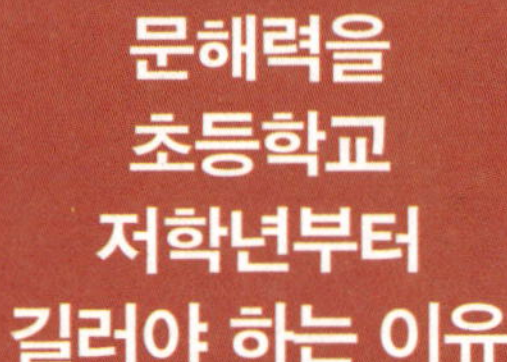

*어휘력 : 어휘를 마음대로 부리어 쓸 수 있는 능력.
*독해력 : 글을 읽고 이해하는 능력.
*문해력 : 혼자 읽고 이해하고, 생각할 수 있는 능력.
　　　　　경제개발협력기구(OECD)에서 정의한 문해력은 읽고 이해하는 것 이외의 기능.
　　　　　글을 이해하고, 평가하고, 사용하고, 글로 소통하는 능력으로 정의.
　　　　　즉 글을 읽고, 이해하고 사용할 줄 아는 능력.

문해력을 초등학교 저학년부터 길러야 하는 이유

1. 초등학교 시기는 '공부 머리 뇌'로 알려진 전두엽이 폭발적으로 발달한다. 이때 문해력을 기르지 않으면 기억력과 사고력을 담당하는 전두엽이 활성화되지 않기 때문에 당연히 공부 효율이 떨어질 수밖에 없다.
2. 글을 읽고 이해하고 사용하는 것이 공부의 기본이자 전부이다. 즉 문해력이 뒷받침되지 않으면 공부를 시작조차 할 수 없다. 문해력이 부족하면 학습에서 불리할 수밖에 없다.
3. 문해력을 길러놓지 않으면 장래 할 수 있는 일이 없다. 무슨 일을 하건 창의력이 필요한데 문해력의 능력이 없다면 새로운 생각, 새로운 능력을 발휘하기 어렵다.
4. 학습 어휘를 제대로 이해하지 못하면 문해력의 발전은 기대하기 어렵다. 문해는 어휘를 기본으로 하기 때문이다.

2학년을 문해력 발달의 골든 타임으로 보는 이유

1. 3학년부터는 본격적인 학습을 위한 읽기가 시작된다.
2. 초등 3학년부터는 교과목 수가 늘어나는 데다 내용도 어려워진다. 당연히 고급 어휘들이 다양하게 등장한다.
3. 2학년까지 아이들이 해독을 어려워한다면 학년이 올라갈수록 기초 학력 부족이 누적되면서 학습 격차가 더욱 벌어질 수밖에 없다.
4. 초기 문해력을 갖추지 못한 아이들은 공부의 기초 체력이 허약해 공부에 대한 자신감을 쉽게 잃어버릴 수 있다.

5. 아이의 학습 능력을 높이고 싶어서 학원에 보내지만 별 효과를 못 얻는 이유는 학습 격차의 주요 원인이 문해력 격차 때문이다.

6. 초등 2학년까지 문해력 기초를 탄탄하게 다져놓지 않으면 3학년부터는 문해력 격차이든 학습 격차이든 따라잡는 것이 더욱 어려워진다.

---

1. 문해력 수준이 낮으면 학습 기회를 상실하고 학습 의욕 저하로 이어진다.

2. 글 읽기의 양이 감소하는 결과를 낳는다.

3. 아이 스스로 글을 못 읽는다며 자포자기하게 되고 공부에 대한 의욕마저 잃어버린다.

4. 어렸을 때 필요한 문해력 시기에 읽기 능력을 적절하게 발달시키지 못하면 문해력 격차가 발생하는데, 한 번 격차가 벌어지면 그 격차가 점점 더 커지게 된다. 잘 읽는 아이는 더 잘 읽고, 못 읽는 아이는 점점 더 뒤처질 수밖에 없다.

5. 학습도구어는 일상에서 사용되는 어휘와는 구별된다. 문해력이 뒷받침 되어야 교과서에 등장하는 학습도구어 의미를 이해할 수 있다.

---

1. 수능 만점자 30명 중 90%에 해당하는 학생들의 특징은 어려서부터 꾸준히 독서를 했다는 점이다. 그 결과 글 읽는 속도가 빨라져서 교과서나 참고서의 내용을 빨리 읽고 이해할 수 있게 되었다. 그러므로 모든 아이가 동일한 출발선에서 문해력 실력의 기초를 다질 수 있게끔 해야 한다.

2. 수많은 아이가 초등 입학 전부터 조기 교육을 시작해 초, 중, 고등학교 12년 내내 여러 학원을 전전하거나 족집게 학원을 찾지만, 만족할 만한 결과를 얻지 못하는 이유는 문해력 향상이 가장 효과적인 학습 방법이라는 사실을 모르기 때문이다.

이 책의 구성과 특징

내 아이를 명문대를 보낼 수 있는 가장 쉽고 빠른 방법
일타 강사를 찾을 것이 아니라 문해력부터 키워 주세요!

1

〈낱말 뜻을 이해하고 낱말의 쓰임을 완벽하게 익혀볼까요?〉

교과서에 나오는 중요 어휘를 선정하여 ①뜻을 설명하고, ②교과서 내용을 예문으로 적어 낱말을 이해하게 한 뒤에 ③낱말 따라 쓰기를 반복하고, ④낱말에 맞는 문장을 따라 쓰고, 그런 뒤에 ⑤짧은 글짓기를 통해 낱말을 완전히 익히도록 했어요. (하나의 어휘를 5~10회 이상 반복 학습)

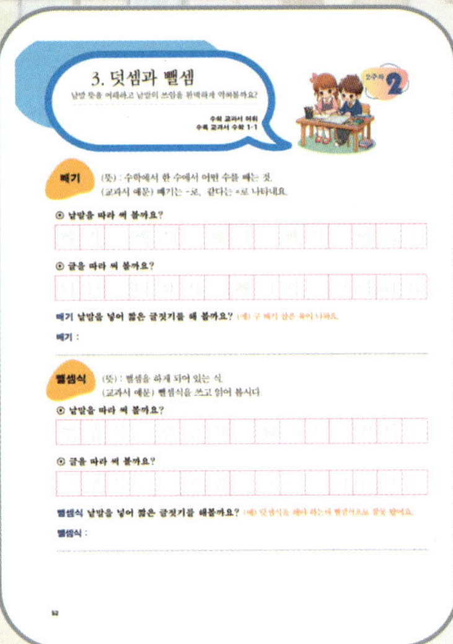

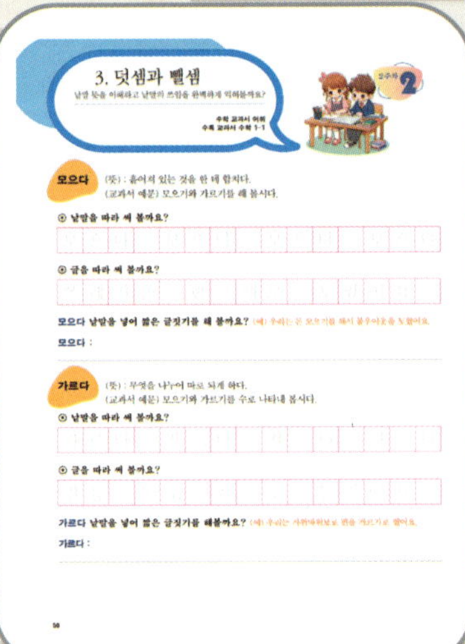

2

〈더 해보아요〉 앞에 배운 낱말을 다시 한번 배우고 익히도록 했어요.

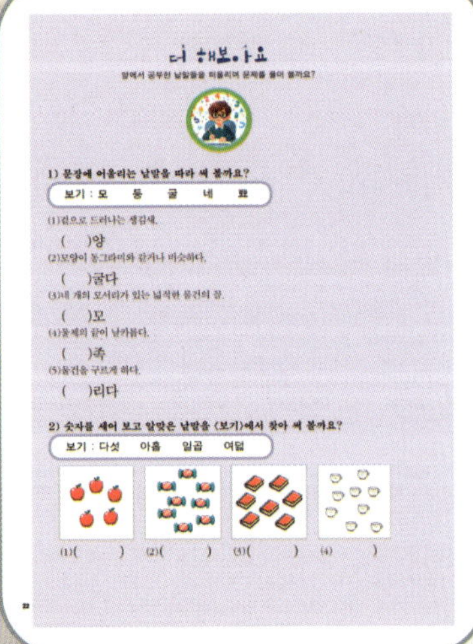

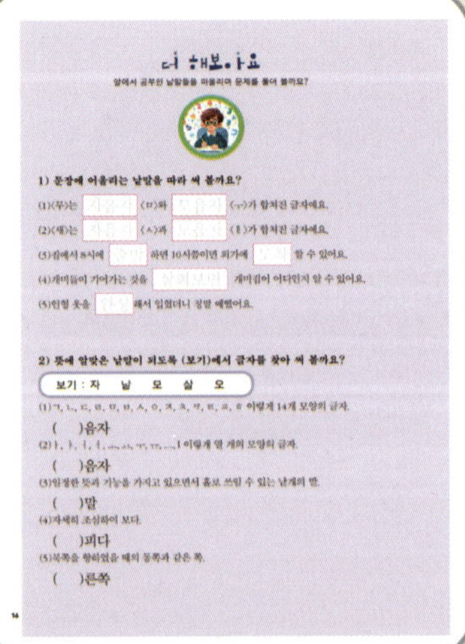

3

〈받아쓰기를 해보아요〉 앞에서 배운 단어를 떠올리며 받아쓰기를 해보도록 했어요.

4 〈어린왕자와 사막여우를 만나러 가요〉

어린왕자와 사막여우가 등장하여 그 단원에 나온 낱말을 인용한 재미있는 이야기를 나누어요. 끝부분의 (나도 작가)에서는 어린왕자와 사막여우가 주고받았을 이야기를 상상하여 써 보는 거예요.

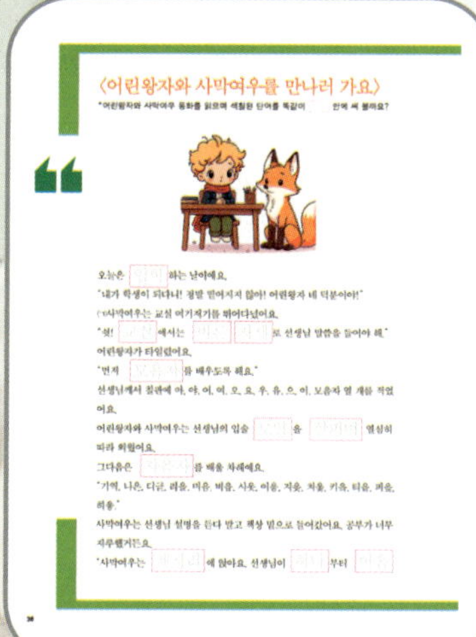

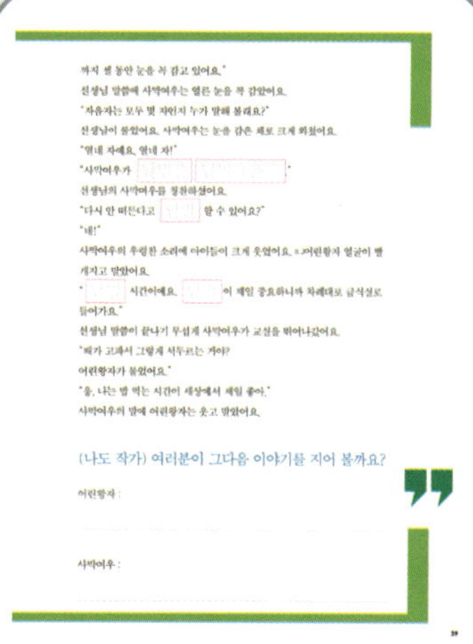

5 〈독해 실력이 쑥쑥쑥〉 앞의 어린왕자와 사막여우의 동화로 독해 실력을 기르도록 했어요.

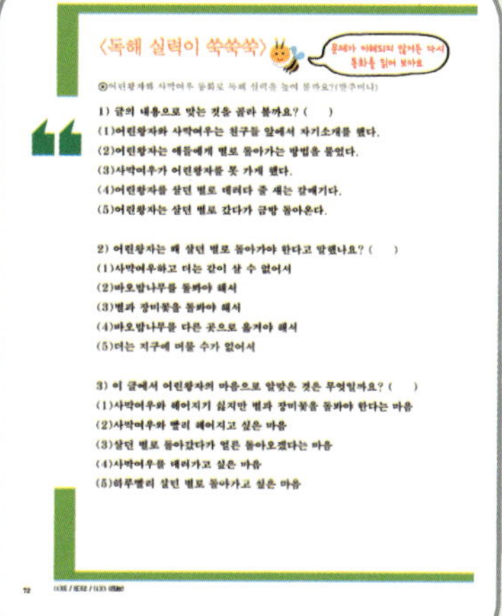

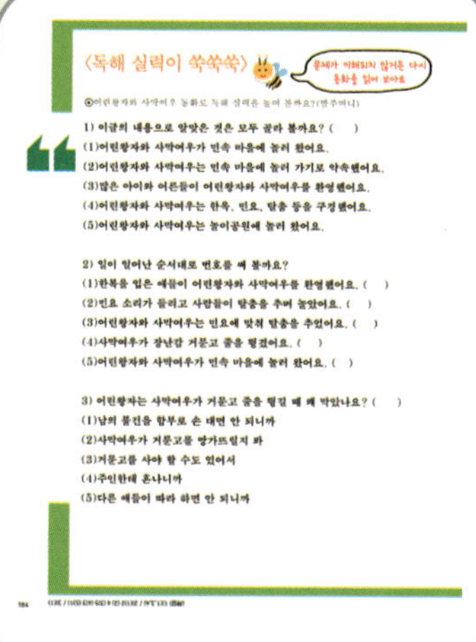

6 〈문해 실력이 쑥쑥쑥〉 앞의 어린왕자와 사막여우의 동화로 문해 실력을 기르도록 했어요.

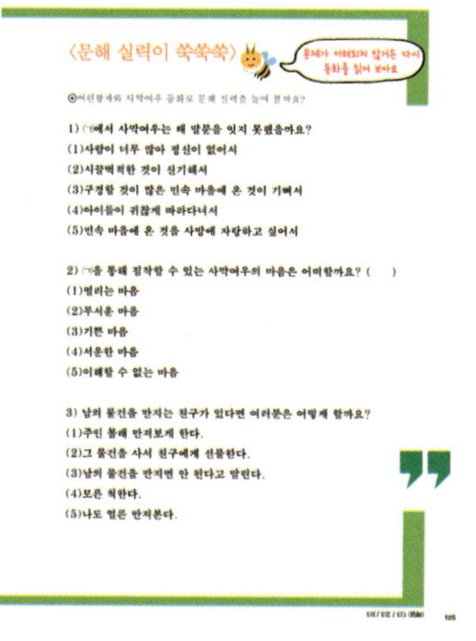

● 단순한 글자 반복 쓰기가 아닌 최소 10여 회 이상 다양한 방법을 통해 지루하지 않고 재미있게 어휘를 익힐 수 있도록 꾸몄어요.

● 찾아보기 : 초등 1학년 1학기 교과서에 나오는 어휘를 과목별로 나누어서 ㄱ~ㅎ 순서대로 정리했어요.

교과서 수업 목록

이 책은 초등 1학년 1학기 교과서
『국어』『수학』『학교』『사람들』
『우리나라』『탐험』에 수록된 어휘 중에
중요 어휘를 선별하여 반복 수업을 하도록
했습니다.

국어

이 책의 차례

1주차

2주차

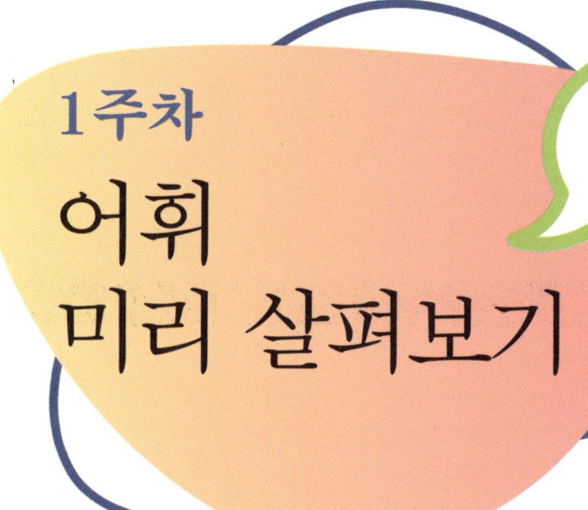

교과서 어휘력이 문해력의 시작이다!

- 한글의 어휘력 · 독해력 · 문해력을 그만 무시!
- 어휘력 · 독해력 · 문해력 실력은 모든 학업의 기본!
- 어휘력 · 독해력 · 문해력을 해결하려면 낱말 반복 복습부터 시작!
- 초등학교 교과서의 어휘력 · 독해력 · 문해력 해결은 명문대 입학의 지름길!

1회
국어 교과서 어휘

자음자 / 출발 / 모음자 / 낱말 / 땅따먹기 / 살피다 / 위쪽 / 오른쪽 / 완성

공부한 날 (　)월 (　)일

2회
수학 교과서 어휘

1~9 / 하나~아홉 / 첫째 ~ 아홉째 / 0 / 수 / 모양 / 굴리다 / 둥글다 / 네모 / 뾰족하다

공부한 날 (　)월 (　)일

3회

국어 교과서 어휘

**활용하다 / 만들다 / 바르다 / 자세 /
확인하다 / 쓰다 / 예의 / 알아맞히다 /
알맞다 / 정확하다**

공부한 날 (　　)월 (　　)일

4회

학교 교과서 어휘

**학교 / 입학 / 교실 / 급식 / 실천하다 /
정리하다 / 안전하다 / 도서관 / 제자리 /
약속하다**

공부한 날 (　　)월 (　　)일

· 더 해보아요
· 받아쓰기를 해보아요
· 어린왕자와 사막여우를 만나러 가요
· 독해력이 쑥쑥쑥
· 문해력이 쑥쑥쑥

1. 글자를 만들어요

낱말 뜻을 이해하고 낱말의 쓰임을 완벽하게 익혀볼까요?

국어 교과서 어휘
수록 교과서 국어 1-1㉮

자음자

(뜻) : ㄱ, ㄴ, ㄷ, ㄹ, ㅁ, ㅂ, ㅅ, ㅇ, ㅈ, ㅊ, ㅋ, ㅌ, ㅍ, ㅎ 이렇게 14개 모양의 글자.
(교과서 예문) 그림에 숨어 있는 자음자와 모음자를 찾아봅시다.

⊙ **자음자의 이름을 따라 써 볼까요?**

ㄱ	ㄴ	ㄷ	ㄹ	ㅁ	ㅂ	ㅅ
기역	니은	디귿	리을	미음	비읍	시옷

ㅇ	ㅈ	ㅊ	ㅋ	ㅌ	ㅍ	ㅎ
이응	지읒	치읓	키읔	티읕	피읖	히읗

⊙ **낱말을 따라 써 볼까요?**

자 음 자	자 음 자	자 음 자	자 음 자

⊙ **글을 따라 써 볼까요?**

먼 저	자 음 자 를	익 혔 어 요

출발

(뜻) : 어떤 곳에 가기 위해 길을 떠남.
(예문) 우리 가족은 7시에 외가로 출발했어요.

⊙ **낱말을 따라 써 볼까요?**

출 발	출 발	출 발	출 발	출 발

⊙ **글을 따라 써 볼까요?**

자 음 자 는	한 글 의	출 발 이 에 요

출발 낱말을 넣어 짧은 글짓기를 해 볼까요? (예) 달리기를 할 때 출발을 늦게 했어요.

출발 :

(뜻) : ㅏ, ㅑ, ㅓ, ㅕ, ㅗ, ㅛ, ㅜ, ㅠ, ㅡ, ㅣ 이렇게 열 개 모양의 글자.
(교과서 예문) 모음자가 들어간 낱말을 말하며 길을 찾아 가 봅시다.

모음자의 이름을 따라 써 볼까요?

ㅏ	ㅑ	ㅓ	ㅕ	ㅗ	ㅛ	ㅜ	ㅠ	ㅡ	ㅣ
아	야	어	여	오	요	우	유	으	이

⊙ 낱말을 따라 써 볼까요?

모	음	자	모	음	자	모	음	자	모	음	자

⊙ 글을 따라 써 볼까요?

동	생	이	모	음	자	도	다	익	혔	어	요

모음자 낱말을 넣어 짧은 글짓기를 해 볼까요? (예) 모음자는 모두 열 개예요.

모음자 :

(뜻) : 홀로 쓰일 수 있는 낱개의 말.
(교과서 예문) 모음자가 들어간 낱말을 말하며 길을 찾아 가 봅시다.

⊙ 낱말을 따라 써 볼까요?

낱	말	낱	말	낱	말	낱	말	낱	말

⊙ 글을 따라 써 볼까요?

동	화	를	읽	으	며	낱	말	을	배	워	요

낱말 낱말을 넣어 짧은 글짓기를 해 볼까요? (예) 누나는 어려운 낱말을 많이 알아요.

낱말 :

1. 글자를 만들어요

낱말 뜻을 이해하고 낱말의 쓰임을 완벽하게 익혀볼까요?

국어 교과서 어휘
수록 교과서 국어 1-1㉮

땅따먹기

(뜻) : 정해진 땅에 각자의 말을 퉁긴 대로 금을 그어 땅을 차지하는 놀이.
(교과서 예문) 자음자가 들어간 낱말을 말하며 땅따먹기 놀이를 해 봅시다.

◉ 낱말을 따라 써 볼까요?

| 땅 | 따 | 먹 | 기 | | 땅 | 따 | 먹 | 기 | | 땅 | 따 | 먹 | 기 | |

◉ 글을 따라 써 볼까요?

| 땅 | 따 | 먹 | 기 | | 놀 | 이 | 를 | | 배 | 웠 | 어 | 요 | |

땅따먹기 낱말을 넣어 짧은 글짓기를 해 볼까요? (예) 아빠는 땅따먹기 놀이를 많이 해봤대요.

땅따먹기 :

살피다

(뜻) : 자세히 조심하여 보다.
(교과서 예문) 물건의 이름을 살펴봅시다.

◉ 낱말을 따라 써 볼까요?

| 살 | 피 | 다 | | 살 | 피 | 다 | | 살 | 피 | 다 | | 살 | 피 | 다 |

◉ 글을 따라 써 볼까요?

| 꽃 | 잎 | 을 | | 자 | 세 | 하 | 게 | | 살 | 펴 | 봤 | 어 | 요 | |

살피다 낱말을 넣어 짧은 글짓기를 해 볼까요? (예) 개미들이 기어가는 모습을 살펴보았어요.

살피다 :

위쪽

(뜻) : 위가 되는 쪽.
(교과서 예문) '파', '오이'에서 자음자는 왼쪽이나 위쪽에 있어요.

◉ 낱말을 따라 써 볼까요?

| 위 | 쪽 | | 위 | 쪽 | | 위 | 쪽 | | 위 | 쪽 | | 위 | 쪽 | |

◉ 글을 따라 써 볼까요?

| 우 | 리 | 는 | | 강 | | 위 | 쪽 | 에 | 서 | | 놀 | 았 | 어 | 요 |

위쪽 낱말을 넣어 짧은 글짓기를 해 볼까요? (예) 티셔츠 위쪽 단추가 떨어졌어요.

위쪽 :

오른쪽

(뜻) : 북쪽을 향했을 때의 동쪽과 같은 쪽.
(교과서 예문) '고추', '고구마'에서 모음자는 아래쪽이나 오른쪽에 있어요.

◉ 낱말을 따라 써 볼까요?

| 오 | 른 | 쪽 | | 오 | 른 | 쪽 | | 오 | 른 | 쪽 | | 오 | 른 | 쪽 |

◉ 글을 따라 써 볼까요?

| 길 | 은 | | 오 | 른 | 쪽 | 으 | 로 | | 걸 | 어 | 야 | | 해 | 요 |

오른쪽 낱말을 넣어 짧은 글짓기를 해 볼까요? (예) 나는 오른쪽으로 뛰고 형은 왼쪽으로 뛰었어요.

오른쪽 :

완성

(뜻) : 일을 완전하게 다 이루는 것.
(교과서 예문) 3에서 글자를 찾아 낱말을 완성해 봅시다.

◉ 낱말을 따라 써 볼까요?

| 완 | 성 | | 완 | 성 | | 완 | 성 | | 완 | 성 | | 완 | 성 | |

◉ 글을 따라 써 볼까요?

| 로 | 봇 | | 조 | 립 | 을 | | 완 | 성 | 했 | 어 | 요 | |

완성 낱말을 넣어 짧은 글짓기를 해 볼까요? (예) 누나가 강아지 옷을 완성했어요.

완성 :

더 해보아요

앞에서 공부한 낱말들을 떠올리며 문제를 풀어 볼까요?

1) 뜻에 알맞은 낱말을 글자판에서 찾아 묶고 (　　　)에 써 볼까요?

살	자	낱	말
모	음	자	오
피	자	출	른
다	발	위	쪽

(낱말을 가로, 세로 방향으로 찾으면 되어요)

(1) ㄱ, ㄴ, ㄷ, ㄹ, ㅁ, ㅂ, ㅅ, ㅇ, ㅈ, ㅊ, ㅋ, ㅌ, ㅍ, ㅎ

　이렇게 14개 모양의 글자. (　　　　　　　)

(2) ㅏ, ㅑ, ㅓ, ㅕ, ㅗ, ㅛ, ㅜ, ㅠ, ㅡ, ㅣ

　이렇게 열 개의 모양의 글자. (　　　　　　)

(3) 북쪽을 향했을 때의 동쪽과 같은 쪽. (　　　　　　)

(4) 위가 되는 쪽. (　　　　　　)

2) 뜻에 알맞은 낱말이 되도록 (보기)에서 글자를 찾아 써 볼까요?

> 보기 :　　완　　살　　낱　　출

(1) 어떤 곳에 가기 위해 길을 떠남. = ☐ 발

(2) 홀로 쓰일 수 있는 낱개의 말. = ☐ 말

(3) 자세히 조심하여 보다. = ☐ 피 다

(4) 일을 완전하게 다 이루는 것. = ☐ 성

3) 문장에 어울리는 낱말을 (　　) 안에서 골라 O표 해 볼까요?

(1) 아빠한테 말을 던져서 땅을 차지하는 (땅따먹기 / 땅버리기) 놀이를 배웠어요.

(2) 동생한테 길을 걸을 때는 (왼쪽 / 오른쪽)으로 걸어야 된다고 알려주었어요.

(3) '구두'의 첫 (모음자 / 자음자)는 'ㄱ'이에요

4) 밑줄 친 낱말을 알맞게 사용한 친구에게 O표 해 볼까요?

(1) (   )   (2) (   )

5) 문장에 어울리는 낱말을 (보기)에서 찾아 (   )에 써 볼까요?

보기 :   땅따먹기   오른쪽   완성   위쪽   살피고

(1)복도에서 걸을 때는 (   )으로 걸어야 해요.

(2)아빠는 어려서 (   ) 놀이를 좋아해서 땅부자였대요.

(3)밤송이는 나무 아래쪽보다 (   )에 더 많이 매달려 있어요.

(4)횡단보도를 건너기 전에 사방을 (   ) 안전하게 건너야 해요.

(5)그림 그리기를 (   )한 뒤에 밖에 나가 놀았어요.

*앞에서 배운 낱말 중에 잘 알고 있는 것에 O를 할까요?

(   )자음자 (   )출발 (   )모음자 (   )낱말 (   )땅따먹기

(   )살피다 (   )위쪽 (   )오른쪽 (   )완성

*오늘 있었던 일 중에서 낱말 두 가지를 정하여 짧은 글짓기를 해 볼까요?

(예) 동생 : 동생이 공책에 낙서를 해서 눈물이 났어요.

(1)

(2)

1. 1~9까지의 수

낱말 뜻을 이해하고 낱말의 쓰임을 완벽하게 익혀볼까요?

수학 교과서 어휘
수록 교과서 수학 1-1

1~9

(뜻) : 일, 이, 삼, 사, 오, 육, 칠, 팔, 구, 숫자를 나타내는 뜻.
(예문) 1, 2, 3, 4, 5, 6, 7, 8, 9를 알아볼까요?

⊙ 수를 한글로 써 볼까요?

1	2	3	4	5	6	7	8	9
일	이	삼	사	오	육	칠	팔	구

⊙ 글을 따라 써 볼까요?

6을		뒤집으면		9가		되어요	

1~9 수를 넣어 짧은 글짓기를 해 볼까요? (예) 공책에 1, 2, 3, 4, 5, 6, 7, 8, 9 페이지 번호를 적었어요.

1~9 :

하나~아홉

(뜻) : 하나, 둘, 셋, 넷, 다섯, 여섯, 일곱, 여덟, 아홉, 수효를 세는 수.
(예문) 하나, 둘, 셋, 넷, 다섯, 여섯, 일곱, 여덟, 아홉 마리의 병아리가 놀고 있어요.

⊙ 숫자를 따라 써 볼까요?

하나	둘	셋	넷	다섯	여섯	일곱	여덟	아홉

⊙ 글을 따라 써 볼까요?

여덟		다음은		아홉이에요			

하나~아홉 낱말을 넣어 짧은 글짓기를 해 볼까요? (예) 동생이 하나부터 아홉까지 세었어요.
하나~아홉 :

첫째~아홉째

(뜻) : 첫째부터 아홉째까지의 차례나 순서를 세는 단위.
(예문) 태어난 병아리마다 첫째부터 아홉째까지 이름을 지었어요.

◉ **낱말을 따라 써 볼까요?**

첫째	둘째	셋째	넷째	다섯째	여섯째	일곱째	여덟째	아홉째

◉ **글을 따라 써 볼까요?**

나	는		여	섯	째		줄	에		섰	어	요	

첫째~아홉째 낱말을 넣어 짧은 글짓기를 해 볼까요? (예) 첫째부터 아홉째 아이까지 버스에 올랐어요.

첫째~아홉째 :

0

(뜻) : 값이 없는 수.
(교과서 예문) 아무것도 없는 것을 '0'이라 쓰고 '영'이라고 읽습니다.

◉ **낱말을 따라 써 볼까요?**

영	영	영	영	영	영	영	영

◉ **글을 따라 써 볼까요?**

영	은		아	무	것	도		없	는		수	예	요

0의 수로 넣어 짧은 글짓기를 해 볼까요? (예) 2빼기 2는 0이 되어요.

0 :

수

(뜻) : 뭔가를 하나하나 세어서 얻는 값.
(교과서 예문) 학용품의 수를 세어 써 봅시다.

◉ **낱말을 따라 써 볼까요?**

수	수	수	수	수	수	수	수

◉ **글을 따라 써 볼까요?**

오	렌	지		수	를		세	어		보	았	어	요

수 낱말을 넣어 짧은 글짓기를 해 볼까요? (예) 운동장에 모인 사람 수가 아주 많아요.

수 :

2. 여러 가지 모양

낱말 뜻을 이해하고 낱말의 쓰임을 완벽하게 익혀볼까요?

수학 교과서 어휘
수록 교과서 수학 1-1

모양

(뜻) : 겉으로 드러나는 생김새.
(교과서 예문) 여러 가지 모양을 살펴볼까요?

⊙ 낱말을 따라 써 볼까요?

| 모 | 양 | | 모 | 양 | | 모 | 양 | | 모 | 양 | | 모 | 양 | |

⊙ 글을 따라 써 볼까요?

| 같 | 은 | | 모 | 양 | 의 | | 옷 | 을 | | 찾 | 았 | 어 | 요 |

모양 낱말을 넣어 짧은 글짓기를 해 볼까요? (예) 백화점에는 여러 모양의 옷이 많아요.

모양 :

굴리다

(뜻) : 물건을 구르게 하다.
(교과서 예문) 모양을 쌓아 보고 굴려 봅시다.

⊙ 낱말을 따라 써 볼까요?

| 굴 | 리 | 다 | | 굴 | 리 | 다 | | 굴 | 리 | 다 | | 굴 | 리 | 다 |

⊙ 글을 따라 써 볼까요?

| 우 | 리 | 는 | | 공 | 을 | | 굴 | 리 | 며 | | 놀 | 았 | 어 | 요 |

굴리다 낱말을 넣어 짧은 글짓기를 해 볼까요? (예) 우리는 눈덩이를 굴려서 눈사람을 만들었어요.

굴리다 :

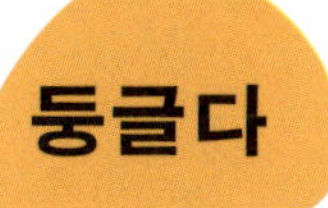
둥글다

(뜻) : 모양이 동그라미와 같거나 비슷하다.
(예문) 둥근 모양으로 우리 학교에서 볼 수 있는 물건을 만들어 봅시다.

◉ **낱말을 따라 써 볼까요?**

| 둥 | 글 | 다 | | 둥 | 글 | 다 | | 둥 | 글 | 다 | | 둥 | 글 | 다 | |

◉ **글을 따라 써 볼까요?**

| 동 | 생 | | 얼 | 굴 | 이 | | 둥 | 근 | | 달 | | 같 | 아 | 요 |

둥글다 낱말을 넣어 짧은 글짓기를 해 볼까요? (예) 눈을 둥글게 뭉쳐 눈싸움을 했어요.

둥글다 :

네모

(뜻) : 네 개의 모서리가 있는 넓적한 물건의 꼴.
(예) 옛 사람들은 하늘은 둥글지만 땅은 네모 모양이라고 생각했어요.

◉ **낱말을 따라 써 볼까요?**

| 네 | 모 | | 네 | 모 | | 네 | 모 | | 네 | 모 | | 네 | 모 | |

◉ **글을 따라 써 볼까요?**

| 종 | 이 | 에 | | 네 | 모 | | 그 | 림 | 을 | | 그 | 렸 | 어 | 요 |

네모 낱말을 넣어 짧은 글짓기를 해 볼까요? (예) 아빠가 네모 모양의 상자를 만들었어요.

네모 :

뾰족하다

(뜻) : 물체의 끝이 날카롭다.
(교과서 예문) 뾰족한 부분이 있고 쉽게 쌓을 수 있어.

◉ **낱말을 따라 써 볼까요?**

| 뾰 | 족 | 하 | 다 | | 뾰 | 족 | 하 | 다 | | 뾰 | 족 | 하 | 다 | |

◉ **글을 따라 써 볼까요?**

| 뾰 | 족 | 한 | | 송 | 곳 | 이 | | 두 | | 개 | | 있 | 어 | 요 |

뾰족하다 낱말을 넣어 짧은 글짓기를 해 볼까요? (예) 장미에는 뾰족한 가시가 아주 많아요.

뾰족하다 :

앞에서 공부한 낱말들을 떠올리며 문제를 풀어 볼까요?

1) 뜻에 알맞은 낱말이 되도록 (보기)에서 글자를 찾아 써 볼까요?

보기 :　모　둥　굴　네　뾰

(1) 겉으로 드러나는 생김새. = ☐ 양

(2) 모양이 동그라미와 같거나 비슷하다. = ☐ 글 다

(3) 네 개의 모서리가 있는 넓적한 물건의 꼴. = ☐ 모

(4) 물체의 끝이 날카롭다. = ☐ 족 하 다

(5) 물건을 구르게 하다. = ☐ 리 다

2) 문장에 어울리는 낱말을 (　　) 안에서 골라 O표 해 볼까요?

(1) 바늘 끝이 (뾰족해서 / 둥글어서) 바느질을 쉽게 할 수 있어요.

(2) 사과 모양이 (둥글게 / 길게) 생겨서 그림 그리기가 쉬워요.

(3) 엄마가 새로 산 옷의 (모양 / 완성)이 조금 이상했어요.

3) 숫자를 세어 보고 알맞은 낱말을 (보기)에서 찾아 (　　)에 써 볼까요?

보기 :　다섯　아홉　일곱　여덟

(1) (　　　　　)　　(2) (　　　　　)　　(3) (　　　　　)　　(4) (　　　　　)

4) 밑줄 친 낱말을 알맞게 사용한 친구에게 모두 O표 해 볼까요?

(1)(   )   (2)(   )   (3)(   )

5) 문장에 어울리는 낱말을 (보기)에서 찾아 (   )에 써 볼까요?

보기 :   뾰족   모양   굴리며   둥근

(1)친구 머리 (   )이 매일 바뀌어요.

(2)동생하고 공을 (   ) 놀았어요.

(3)하늘에 (   ) 보름달이 떴어요.

(4)소나무 잎은 가늘고 끝이 (   )해요.

*앞에서 배운 낱말 중에 잘 알고 있는 것에 O를 할까요?

(   )1~9 (   )하나~아홉 (   )첫째~아홉째 (   )0 (   )수

(   )모양 (   )굴리다 (   )둥글다 (   )네모 (   )뾰족하다

*오늘 있었던 일 중에서 낱말 두 가지를 정하여 짧은 글짓기를 해 볼까요?

(예) 친구 : 놀이터에서 친구들과 재미있게 놀았어요.

1)

2)

1. 글자를 만들어요

낱말 뜻을 이해하고 낱말의 쓰임을 완벽하게 익혀볼까요?

국어 교과서 어휘
수록 교과서 국어 1-1㉮

활용하다

(뜻) : 지닌 기능이나 능력을 제대로 잘 쓰는 것.
(교과서 예문) 7~8, 10~12를 활용하세요.

◉ 낱말을 따라 써 볼까요?

| 활 | 용 | 하 | 다 | | 활 | 용 | 하 | 다 | | 활 | 용 | 하 | 다 | |

◉ 글을 따라 써 볼까요?

| 동 | 생 | 은 | | 장 | 난 | 감 | 을 | | 잘 | | 활 | 용 | 해 | 요 |

활용하다 낱말을 넣어 짧은 글짓기를 해 볼까요? (예) 헌 옷을 활용해서 강아지 옷을 만들었어요.

활용하다 :

만들다

(뜻) : 힘과 기술을 들여 새로 생기게 하다.
(교과서 예문) 글자를 만들어 봅시다.

◉ 낱말을 따라 써 볼까요?

| 만 | 들 | 다 | | 만 | 들 | 다 | | 만 | 들 | 다 | | 만 | 들 | 다 |

◉ 글을 따라 써 볼까요?

| 떡 | 볶 | 이 | 를 | | 만 | 들 | 어 | | 먹 | 었 | 어 | 요 | | |

만들다 낱말을 넣어 짧은 글짓기를 해 볼까요? (예) 장영실은 해시계를 만들었어요.

만들다 :

바르다

(뜻) : 모양이 비뚤어지지 않고 반듯하다. / 다른 뜻 : 풀칠하여 다른 물건에 붙이다.
(교과서 예문) 바른 자세로 글자 읽고 쓰기

◉ 낱말을 따라 써 볼까요?

| 바 | 르 | 다 | | 바 | 르 | 다 | | 바 | 르 | 다 | | 바 | 르 | 다 |

◉ 글을 따라 써 볼까요?

| 항 | 상 | | 바 | 르 | 게 | | 글 | 자 | 를 | | 써 | 요 | |

바르다 낱말을 넣어 짧은 글짓기를 해 볼까요? (예) 의자에 앉을 때는 바르게 앉아야 해요.

바르다 :

자세

(뜻) : 몸을 움직이는 모양이나 태도.
(교과서 예문) 글을 읽을 때의 바른 자세를 알아봅시다.

◉ 낱말을 따라 써 볼까요?

| 자 | 세 | | 자 | 세 | | 자 | 세 | | 자 | 세 | | 자 | 세 |

◉ 글을 따라 써 볼까요?

| 자 | 세 | 를 | | 똑 | 바 | 로 | | 하 | 고 | | 앉 | 았 | 어 | 요 |

자세 낱말을 넣어 짧은 글짓기를 해 볼까요? (예) 형은 뭐든 잘할 자세가 되어 있어요.

자세 :

확인하다

(뜻) : 틀림없는지를 알아보는 것.
(교과서 예문) 자신의 글 읽는 자세를 스스로 확인해 봅시다.

◉ 낱말을 따라 써 볼까요?

| 확 | 인 | 하 | 다 | | 확 | 인 | 하 | 다 | | 확 | 인 | 하 | 다 | |

◉ 글을 따라 써 볼까요?

| 문 | 제 | 의 | | 답 | 을 | | 확 | 인 | 했 | 어 | 요 | |

확인하다 낱말을 넣어 짧은 글짓기를 해 볼까요? (예) 횡단보도에서 파란불을 확인하고 건넜어요.

확인하다 :

---

1. 글자를 만들어요

낱말 뜻을 이해하고 낱말의 쓰임을 완벽하게 익혀볼까요?

국어 교과서 어휘
수록 교과서 국어 1-1㉮

쓰다

(뜻) : 연필이나 볼펜 등으로 글자를 적다. / 다른 뜻 : 모자 따위를 머리에 얹어 덮다.
교과서 예문) 글씨를 쓸 때의 바른 자세를 알아봅시다.

⊙ **낱말을 따라 써 볼까요?**

| 쓰 | 다 | | 쓰 | 다 | | 쓰 | 다 | | 쓰 | 다 | | 쓰 | 다 | |

⊙ **글을 따라 써 볼까요?**

| 바 | 른 | | 자 | 세 | 로 | | 글 | 씨 | 를 | | 썼 | 어 | 요 |

쓰다 낱말을 넣어 짧은 글짓기를 해 볼까요? (예) 동생은 글씨를 쓰며 노래를 불렀어요.

쓰다 :

예의

(뜻) : 사람이 지켜야 할 바른 말씨와 몸가짐.
(예문) 어른들께 반말을 하는 것은 예의가 아니에요.

⊙ **낱말을 따라 써 볼까요?**

| 예 | 의 | | 예 | 의 | | 예 | 의 | | 예 | 의 | | 예 | 의 |

⊙ **글을 따라 써 볼까요?**

| 항 | 상 | | 예 | 의 | | 바 | 르 | 게 | | 인 | 사 | 해 | 요 |

예의 낱말을 넣어 짧은 글짓기를 해 볼까요? (예) 엄마는 내가 예의 없이 행동하면 몹시 혼내요.

예의 :

알아맞히다 (뜻) : 어떤 문제에 대해 바른 답을 말하다.

(교과서 예문) : 자음자와 모음자를 보고 낱말 알아맞히기

◉ 낱말을 따라 써 볼까요?

| 알 | 아 | 맞 | 히 | 다 | | 알 | 아 | 맞 | 히 | 다 | | | |

◉ 글을 따라 써 볼까요?

| 수 | 수 | 께 | 끼 | | 답 | 을 | | 알 | 아 | 맞 | 혔 | 어 | 요 |

알아맞히다 낱말을 넣어 짧은 글짓기를 해 볼까요? (예) 엄마가 하늘을 보고 오늘 날씨를 알아맞혔어요.

알아맞히다 :

알맞다 (뜻) : 넘치거나 모자라지 않고 꼭 맞다.

(교과서 예문) 주머니에서 자음자와 모음자를 골라 그림에 알맞은 낱말을 써 봅시다.

◉ 낱말을 따라 써 볼까요?

| 알 | 맞 | 다 | | 알 | 맞 | 다 | | 알 | 맞 | 다 | | 알 | 맞 | 다 |

◉ 글을 따라 써 볼까요?

| 목 | 욕 | 물 | 이 | | 알 | 맞 | 게 | | 따 | 뜻 | 했 | 어 | 요 |

알맞다 낱말을 넣어 짧은 글짓기를 해 볼까요? (예) 우리 집은 가족이 살기에 알맞은 크기예요.

알맞다 :

정확하다 (뜻) : 바르고 확실하여 틀림이 없는 것.

(교과서 예문) 낱말을 정확하게 소리 내어 읽어 봅시다.

◉ 낱말을 따라 써 볼까요?

| 정 | 확 | 하 | 다 | | 정 | 확 | 하 | 다 | | 정 | 확 | 하 | 다 |

◉ 글을 따라 써 볼까요?

| 엄 | 마 | 는 | | 약 | 속 | 을 | | 정 | 확 | 히 | | 지 | 켜 | 요 |

정확하다 낱말을 넣어 짧은 글짓기를 해 볼까요? (예) 수학의 정답을 정확하게 모르겠어요.

정확하다 :

더 해보아요

앞에서 공부한 낱말들을 떠올리며 문제를 풀어 볼까요?

1) 뜻에 알맞은 낱말이 되도록 (보기)에서 글자를 찾아 써 볼까요?

> 보기 : 예   쓰   맞   자

(1) 연필이나 볼펜 등으로 글자를 적다. = ☐ 다

(2) 넘치거나 모자라지 않고 꼭 맞다. = 알 ☐ 다

(3) 몸을 움직이는 모양이나 태도. = ☐ 세

(4) 사람이 지켜야 할 바른 말씨와 몸가짐. = ☐ 의

2) 그림을 보고 문장에 알맞은 낱말을 (   ) 안에서 골라 O표 해 볼까요?

나는 어른을 만나면 (예의 / 마음)

(자연스럽게 / 바르게) 인사를 해요.

3) 문장에 어울리는 낱말을 (   ) 안에서 골라 O표 해 볼까요?

(1) 물의 온도가 (알맞으면 / 뜨거우면) 목욕이 즐거워요.

(2) 예의가 (나쁜 / 바른) 사람은 누구에게나 인기가 있어요.

(3) 엄마가 숙제를 (확인 / 진행)하고 잘했다며 칭찬해 주셨어요.

(4) 삐딱한 (자세 / 다리)로 앉아 있었더니 허리가 아파요.

(5) 공책에 내 이름을 (쓰고 / 읽고) 책가방에 넣었어요.

4) 문장에 어울리는 낱말을 (   ) 안에서 골라 O표 해 볼까요?

(1)

(2)

5) 빈칸에 들어갈 알맞은 글자를 모두 골라 O표 해 볼까요?

(1) 낡은 상자를 [ ][ ] 해서 강아지 집을 만들어요. = 활 몸 용 아 말

(2) 동네 어른을 만나면 [ ][ ][ ] 인사를 해요. = 르 바 말 씨 게

(3) 강아지는 우리 집을 [ ][ ]하게 기억해요. = 움 정 직 확 모

*앞에서 배운 낱말 중에 잘 알고 있는 것에 O를 할까요?

(   )활용하다 (   )만들다 (   )바르다 (   )자세 (   )확인하다

(   )쓰다 (   )예의 (   )알아맞히다 (   )알맞다 (   )정확하다

*오늘 있었던 일 중에서 낱말 두 가지를 정하여 짧은 글짓기를 해 볼까요?

(예) 공원 : 공원에 가면 사람들이 운동하는 모습을 볼 수 있어요.

(1)

____

(2)

____

학교

낱말 뜻을 이해하고 낱말의 쓰임을 완벽하게 익혀볼까요?

학교 교과서 어휘
수록 교과서 학교 1-1

학교

(뜻) : 시설을 갖추어 놓고 선생님이 학생을 가르치는 교육 기관.
(교과서 예문) 두근두근, 학교가 궁금해요.

◉ 낱말을 따라 써 볼까요?

| 학 | 교 | | 학 | 교 | | 학 | 교 | | 학 | 교 | | 학 | 교 | |

◉ 글을 따라 써 볼까요?

| 동 | 생 | 이 | | 학 | 교 | 까 | 지 | | 따 | 라 | 왔 | 어 | 요 |

학교 낱말을 넣어 짧은 글짓기를 해 볼까요? (예) 우리 학교에 가려면 도로를 건너야 해요.

학교 :

입학

(뜻) : 학생이 되어 공부하기 위해 학교에 들어감.
(교과서 예문) 초등학교 입학을 축하합니다.

◉ 낱말을 따라 써 볼까요?

| 입 | 학 | | 입 | 학 | | 입 | 학 | | 입 | 학 | | 입 | 학 | |

◉ 글을 따라 써 볼까요?

| 내 | | 동 | 생 | 은 | | 내 | 년 | 에 | | 입 | 학 | 해 | 요 |

입학 낱말을 넣어 짧은 글짓기를 해 볼까요? (예) 입학하는 날 친구들을 많이 만났어요.

입학 :

교실

(뜻) :학교에서 선생님이 학생들을 가르치는 방.
(예문) 우리 교실은 복도 끝에 있어요.

◉ 낱말을 따라 써 볼까요?

| 교 | 실 | | 교 | 실 | | 교 | 실 | | 교 | 실 | | 교 | 실 | |

◉ 글을 따라 써 볼까요?

| 아 | 이 | 들 | 이 | | 교 | 실 | 에 | 서 | | 뛰 | 었 | 어 | 요 |

교실 낱말을 넣어 짧은 글짓기를 해 볼까요? (예) 교실에서 떠들면 안 돼요.

교실 :

급식

(뜻) : 학교에서 아이들에게 주는 식사.
(교과서 예문) 급식은 이렇게

◉ 낱말을 따라 써 볼까요?

| 급 | 식 | | 급 | 식 | | 급 | 식 | | 급 | 식 | | 급 | 식 | |

◉ 글을 따라 써 볼까요?

| 오 | 늘 | | 급 | 식 | 에 | | 계 | 란 | 이 | | 나 | 왔 | 어 | 요 |

급식 낱말을 넣어 짧은 글짓기를 해 볼까요? (예) 급식 시간이 다가오면 배가 고파요.

급식 :

실천하다

(뜻) : 생각한 것을 실제로 행동으로 옮기는 것.
(교과서 예문) 실천해요

◉ 낱말을 따라 써 볼까요?

| 실 | 천 | 하 | 다 | | 실 | 천 | 하 | 다 | | 실 | 천 | 하 | 다 | |

◉ 글을 따라 써 볼까요?

| 매 | 일 | | 샤 | 워 | 하 | 기 | 를 | | 실 | 천 | 해 | 요 | |

실천하다 낱말을 넣어 짧은 글짓기를 해 볼까요? (예) 동생은 말만 하고 실천은 잘 안 해요.

실천하다 :

학교

낱말 뜻을 이해하고 낱말의 쓰임을 완벽하게 익혀볼까요?

학교 교과서 어휘
수록 교과서 학교 1-1

정리하다

(뜻) : 어지러운 것을 가지런하고 바르게 하는 것.
(교과서 예문) 자리 정리는 이렇게

⊙ 낱말을 따라 써 볼까요?

정	리	하	다	정	리	하	다	정	리	하	다

⊙ 글을 따라 써 볼까요?

책	상	을		깨	끗	하	게		정	리	했	어	요

정리하다 낱말을 넣어 짧은 글짓기를 해 볼까요? (예) 누나는 책 정리를 아주 잘해요.

정리하다 :

안전하다

(뜻) : 사고나 다칠 위험이 없다.
(교과서 예문) 안전하게 사용해요.

⊙ 낱말을 따라 써 볼까요?

안	전	하	다	안	전	하	다	안	전	하	다

⊙ 글을 따라 써 볼까요?

놀	이	터	에	서		안	전	하	게		놀	았	어	요

안전하다 낱말을 넣어 짧은 글짓기를 해 볼까요? (예) 횡단보도는 안전하게 건너야 해요.

안전하다 :

도서관

(뜻) : 책과 자료를 모아놓고 사람들이 볼 수 있도록 시설을 갖춘 곳.
(교과서 예문) 도서관에 가 볼까요?

◉ 낱말을 따라 써 볼까요?

도	서	관		도	서	관		도	서	관		도	서	관

◉ 글을 따라 써 볼까요?

학	교		도	서	관	에	는		책	이		많	아	요

도서관 낱말을 넣어 짧은 글짓기를 해 볼까요? (예) 도서관에서는 모두 조용히 책을 읽어요.

도서관 :

제자리

(뜻) : 무엇이 있었던 본래 자리.
(교과서 예문) 모두 제자리

◉ 낱말을 따라 써 볼까요?

제	자	리		제	자	리		제	자	리		제	자	리

◉ 글을 따라 써 볼까요?

책	을		모	두		제	자	리	에		꽂	았	어	요

제자리 낱말을 넣어 짧은 글짓기를 해 볼까요? (예) 강아지가 제자리로 돌아가 앉았어요.

제자리 :

약속하다

(뜻) : 어떤 일을 하기로 누구와 다짐하고 미리 정하다.
(교과서 예문) 함께 약속해요

◉ 낱말을 따라 써 볼까요?

약	속	하	다		약	속	하	다		약	속	하	다

◉ 글을 따라 써 볼까요?

사	이	좋	게		놀	자	고		약	속	했	어	요

약속하다 낱말을 넣어 짧은 글짓기를 해 볼까요? (예) 동생하고 말썽 안 피우기로 약속했어요.

약속하다 :

더 해보아요

앞에서 공부한 낱말들을 떠올리며 문제를 풀어 볼까요?

1) 뜻을 읽으면서 네모 안의 낱말을 그대로 따라 써 볼까요?

(1) 시설을 갖추어 놓고 선생님이 학생을 가르치는 교육 기관. 학교

(2) 학생이 되어 공부하기 위해 학교에 들어감. 입학

(3) 학교에서 선생님이 학생들을 가르치는 방. 교실

(4) 학교에서 아이들에게 주는 식사. 급식

(5) 무엇이 있었던 본래 자리. 제자리

2) 그림을 보고 알맞은 낱말을 (보기)에서 찾아 (   )에 써 볼까요?

보기 :　　교실　　　급식실　　　도서관

(1) (　　　　　)　　　(2) (　　　　　)　　　(3) (　　　　　)

3) 문장에 어울리는 낱말을 (   ) 안에서 골라 O표 해 볼까요?

(1) 해야 할 일이 있으면 곧바로 (실천하려고 / 미루려고) 노력해요.

(2) 지저분한 책상을 깨끗하게 (빼기 / 정리)하면 기분이 좋아져요.

(3) 놀이터에서도 항상 (요란하게 / 안전하게) 놀아야 해요.

(4) 내 방은 내가 청소하기로 엄마하고 (약속 / 결심)했어요.

4) 뜻에 알맞은 낱말을 완성해 볼까요?

(2) [ ]
[속]
[하]
(1) [ ][전][하][다]

(가로) (1) : 사고나 다칠 위험이 없다.
(세로) (2) : 어떤 일을 하기로 누구와 다짐하고
미리 정하다.

5) 문장에 어울리는 낱말을 (   )안에서 골라 ○표 해 볼까요?

(1)

(2)

*앞에서 배운 낱말 중에 잘 알고 있는 것에 O를 할까요?

(   )학교 (   )입학 (   )교실 (   )급식 (   )실천하다
(   )정리하다 (   )안전하다 (   )도서관 (   )제자리 (   )약속하다

*오늘 있었던 일 중에서 낱말 두 가지를 정하여 짧은 글짓기를 해 볼까요?

(예) 아빠 : 아빠가 예쁜 꽃다발을 엄마한테 선물했어요.

(1)

....

(2)

....

받아쓰기를 해보아요

앞에서 배운 단어를 떠올리며 맞는 낱말에 O표를 하고 문장을 따라 써 볼까요?

1) 한글을 배우면서 (자음짜 / 자음자)를 먼저 배웠어요.

2) (모음자 / 모음짜)를 다 익히니까 공부가 재미있어졌어요.

3) 동생하고 (낱말 / 난말) 공부를 했어요.

4) (둥글게 / 둥굴게) 뜬 보름달이 세상을 비추었어요.

5) 동생이 (내모 / 네모) 상자에 장난감을 넣었어요.

6) 컵의 (뽀족한 / 뾰족한) 유리 조각이 사방으로 튀었어요.

7) 항상 (예이 / 예의) 바른 사람이 되어야 해요.

8) 수학 문제를 (알아마치고 / 알아맞히고) 만세를 불렀어요.

9) 우리 밭은 땅콩 심기에 (알맞다고 / 알마따고) 생각해요.

10) 강아지는 길을 (정학하게 / 정확하게) 기억하고 있어요.

*동화를 소리 내어 읽으며 앞에서 배운 낱말을 ☐ 안에 써 볼까요?

오늘은 입학 하는 날이에요.

"내가 학생이 되다니! 정말 믿어지지 않아! 어린왕자 네 덕분이야!"

㉠사막여우는 교실 여기저기를 뛰어다녔어요.

"쉿! 교실 에서는 바른 자세 로 선생님 말씀을 들어야 해."

어린왕자가 타일렀어요.

"먼저 모음자 를 배우도록 해요."

선생님께서 칠판에 아, 야, 어, 여, 오, 요, 우, 유, 으, 이, 모음자 열 개를 적었어요.

어린왕자와 사막여우는 선생님의 입술 모양 을 살피며 열심히 따라 외웠어요.

그다음은 자음자 를 배울 차례예요.

"기역, 니은, 디귿, 리을, 미음, 비읍, 시옷, 이응, 지읒, 치읓, 키읔, 티읕, 피읖, 히읗."

사막여우는 선생님 설명을 듣다 말고 책상 밑으로 들어갔어요. 공부가 너무 지루했거든요.

"사막여우는 제자리 에 앉아요. 지금부터 선생님이 하나 부터 아홉 까지 셀 동안 눈을 꼭 감고 있도록!"

선생님 말씀에 사막여우는 얼른 눈을 꼭 감았어요.

"자음자는 모두 몇 자인지 누가 말해 볼래요?"

선생님이 물었어요. 사막여우는 눈을 감은 채로 크게 외쳤어요.

"열네 자예요, 열네 자!"

"사막여우는 정확히 답을 알고 있어요. 참 잘했어요."

선생님의 사막여우를 칭찬했어요.

"다시 안 떠든다고 약속 할 수 있어요?"

"네!"

사막여우의 우렁찬 소리에 아이들이 크게 웃었어요.

ⓛ사막여우의 큰 대답 때문에 어린왕자 얼굴이 빨개지고 말았어요.

"급식 시간이에요. 안전 이 제일 중요하니까 차례대로 급식실로 들어가요."

선생님 말씀이 끝나기 무섭게 사막여우가 교실을 뛰어나갔어요.

"배가 고파서 그렇게 서두르는 거야?

어린왕자가 물었어요."

"응, 나는 밥 먹는 시간이 세상에서 제일 좋아."

사막여우의 말에 어린왕자는 웃고 말았어요.

(나도 작가) 여러분이 그다음 이야기를 지어 볼까요?

어린왕자 :

____

사막여우 :

____

<독해 실력이 쑥쑥쑥> 

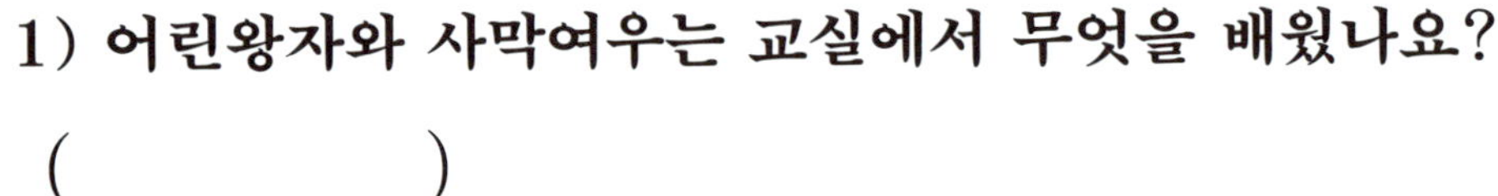

◉어린왕자와 사막여우 동화로 독해 실력을 높여 볼까요?

1) 어린왕자와 사막여우는 교실에서 무엇을 배웠나요?

( )

2) 선생님은 아이들에게 한글의 무엇을 먼저 가르쳤나요? (   )

(1)모음자를 먼저 익히기

(2)가나다 외우기

(3)자음자를 먼저 익히기

(4)달리기로 체력 기르기

(5)다른 친구들과 사이좋게 지내기

3) 사막여우는 왜 책상 밑으로 들어 갔나요? (   )

(1)공부가 지루해서

(2)어린왕자를 괴롭히느라

(3)선생님 관심을 끌고 싶어서

(4)다른 애들 공부를 방해하려고

(5)떨어뜨린 연필을 주으려고

4) 선생님은 왜 차례를 지켜서 급식실로 들어가라 했나요? (   )

(1)사막여우가 또 장난을 칠지도 몰라서

(2)아이들이 서로 안 들어가겠다고 해서

(3)안전이 제일 중요해서

(4)급식실 자리가 부족해서

(5)음식을 천천히 먹게 하려고

(해답) 1)한글 / 2)(1) / 3)(1) / 4)(3)

<문해 실력이 쑥쑥쑥> 

◉어린왕자와 사막여우 동화로 문해 실력을 높여 볼까요?

1) 이 글의 중심 내용은 무엇인가요? (   )

(1)어린왕자와 사막여우의 학교생활

(2)아이들을 괴롭히는 사막여우

(3)선생님께 꾸지람을 듣는 사막여우

(4)급식 시간만 기다리는 사막여우

(5)어린왕자와 사막여우의 다정함

2) ㉠교실을 뛰어다니는 사막여우는 어떤 마음일까요? (   )

(1)정신이 없다.

(2)기분이 들떠 있다.

(3)친구들 관심을 끌고 싶다.

(4)빨리 공부를 끝내고 싶다.

(5)교실을 빨리 나가고 싶다.

3) ㉡에서 어린왕자의 얼굴이 왜 빨개졌을까요? (   )

(1)사막여우의 씩씩한 대답이 자랑스러워서

(2)친구들이 사막여우를 모두 부러워해서

(3)선생님 칭찬을 듣는 사막여우가 신기해서

(4)사막여우의 우렁찬 목소리가 부끄러워서

(5)어린왕자의 대답을 사막여우가 가로채서

교과서 어휘력이 문해력의 시작이다!

- 한글의 어휘력 · 독해력 · 문해력을 그만 무시!
- 어휘력 · 독해력 · 문해력 실력은 모든 학업의 기본!
- 어휘력 · 독해력 · 문해력을 해결하려면 낱말 반복 복습부터 시작!
- 초등학교 교과서의 어휘력 · 독해력 · 문해력 해결은 명문대 입학의 지름길!

1회
국어 교과서 어휘

내용 / 받침 / 다르다 / 발표하다 /
자기소개 / 어깨너비 / 벌리다 /
집중하다 / 기울이다 / 가지런히

공부한 날 (　)월 (　)일

2회
수학 교과서 어휘

모으다 / 가르다 / 세다 / 더하기 / 덧셈식 /
빼기 / 뺄셈식 / 구하다 / 남다 / 풀다

공부한 날 (　)월 (　)일

3회

국어 교과서 어휘

즐겁다 / 겪다 / 좋아하다 / 떠올리다 /
고치다 / 고르다 / 차이 / 주의하다 /
이동하다 / 움직이다

공부한 날 (　　　)월 (　　　)일

4회

사람들 교과서 어휘

주변 / 해결하다 / 표정 / 가깝다 / 가족 /
이웃 / 정답다 / 모습 / 고맙다 / 돕다

공부한 날 (　　　)월 (　　　)일

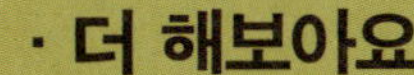

· 더 해보아요
· 받아쓰기를 해보아요
· 어린왕자와 사막여우를 만나러 가요
· 독해력이 쑥쑥쑥
· 문해력이 쑥쑥쑥

2. 받침이 있는 글자를 읽어요

낱말 뜻을 이해하고 낱말의 쓰임을 완벽하게 익혀볼까요?

국어 교과서 어휘
수록 교과서 국어 1-1㉮

내용

(뜻) : 글이나 말 따위에 담겨져 있는 사항.
(교과서 예문) 배울 내용 살펴보기

⊙ 낱말을 따라 써 볼까요?

| 내 | 용 | | 내 | 용 | | 내 | 용 | | 내 | 용 | | 내 | 용 | |

⊙ 글을 따라 써 볼까요?

| 동 | 화 | 의 | | 내 | 용 | 이 | | 어 | 려 | 웠 | 어 | 요 |

내용 낱말을 넣어 짧은 글짓기를 해 볼까요? (예) 동생이 동화 내용을 말해달래요.

내용 :

받침

(뜻) : 한글에서 모음자 밑에 받쳐 쓰는 자음자. / 다른 뜻 : 물건 바닥 사이에 끼우는 물건.
(교과서 예문) 받침이 있는 글자의 짜임 알기

⊙ 낱말을 따라 써 볼까요?

| 받 | 침 | | 받 | 침 | | 받 | 침 | | 받 | 침 | | 받 | 침 |

⊙ 글을 따라 써 볼까요?

| 받 | 침 | 이 | | 있 | 는 | | 글 | 자 | 를 | | 배 | 웠 | 어 | 요 |

받침 낱말을 넣어 짧은 글짓기를 해 볼까요? (예) 받침이 있는 글자를 써 보았어요.

받침 :

다르다

(뜻) : 무엇과 무엇이 서로 같지 않고 차이가 있다.
(교과서 예문) 두 글자가 어떻게 다른지 말해 봅시다.

⊙ **낱말을 따라 써 볼까요?**

| 다 | 르 | 다 | | 다 | 르 | 다 | | 다 | 르 | 다 | | 다 | 르 | 다 |

⊙ **글을 따라 써 볼까요?**

| 동 | 생 | 과 | | 나 | 는 | | 성 | 격 | 이 | | 달 | 라 | 요 |

다르다 낱말을 넣어 짧은 글짓기를 해 볼까요? (예) 친구 집과 우리 집은 방향이 달라요.

다르다 :

발표하다

(뜻) : 어떤 사실이나 생각, 또는 결과 등을 알리다.
(교과서 예문) 발표할 때의 바른 자세를 살펴봅시다.

⊙ **낱말을 따라 써 볼까요?**

| 발 | 표 | 하 | 다 | | 발 | 표 | 하 | 다 | | 발 | 표 | 하 | 다 |

⊙ **글을 따라 써 볼까요?**

| 바 | 른 | | 자 | 세 | 로 | | 발 | 표 | 를 | | 했 | 어 | 요 |

발표하다 낱말을 넣어 짧은 글짓기를 해 볼까요? (예) 오늘은 형의 대학 합격자 발표가 있는 날이에요.

발표하다 :

자기소개

(뜻) : 처음 만난 사람에게 자신의 이름, 나이, 직업 등을 알리는 일.
(교과서 예문) 친구 앞에서 자기소개를 해 봅시다.

⊙ **낱말을 따라 써 볼까요?**

| 자 | 기 | 소 | 개 | | 자 | 기 | 소 | 개 | | 자 | 기 | 소 | 개 |

⊙ **글을 따라 써 볼까요?**

| 차 | 례 | 대 | 로 | | 자 | 기 | 소 | 개 | 를 | | 했 | 어 | 요 |

자기소개 낱말을 넣어 짧은 글짓기를 해 볼까요? (예) 새 학년이 되면 친구들 앞에서 자기소개를 해요.

자기소개 :

2. 받침이 있는 글자를 읽어요
낱말 뜻을 이해하고 낱말의 쓰임을 완벽하게 익혀볼까요?

국어 교과서 어휘
수록 교과서 국어 1-1㉮

2주차

어깨너비

(뜻) : 양어깨 사이의 거리.
(교과서 예문) 다리를 어깨너비만큼 자연스럽게 벌렸다.

⊙ **낱말을 따라 써 볼까요?**

어	깨	너	비		어	깨	너	비		어	깨	너	비	

⊙ **글을 따라 써 볼까요?**

내		어	깨	너	비	는		형	보	다		좁	아	요

어깨너비 낱말을 넣어 짧은 글짓기를 해 볼까요? (예) 다리를 어깨너비로 벌리고 섰어요.

어깨너비 :

....

벌리다

(뜻) : 둘 사이를 넓히거나 멀게 하다.
(교과서 예문) 다리를 어깨너비만큼 자연스럽게 벌렸다.

⊙ **낱말을 따라 써 볼까요?**

벌	리	다		벌	리	다		벌	리	다		벌	리	다

⊙ **글을 따라 써 볼까요?**

입	을		벌	리	고		하	품	을		해	요	

벌리다 낱말을 넣어 짧은 글짓기를 해 볼까요? (예) 두 팔을 넓게 벌리고 줄지어 섰어요.

벌리다 :

....

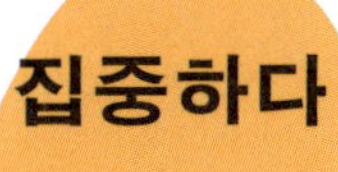

집중하다

(뜻) : 한곳으로 모이거나 어떤 일에 정신을 모으는 것.
(교과서 예문) 다른 사람의 말을 집중해 듣기

◉ 낱말을 따라 써 볼까요?

| 집 | 중 | 하 | 다 | | 집 | 중 | 하 | 다 | | 집 | 중 | 하 | 다 | |

◉ 글을 따라 써 볼까요?

| 공 | 부 | 하 | 려 | 는 | 데 | | 집 | 중 | 이 | | 어 | 려 | 워 | 요 |

집중하다 낱말을 넣어 짧은 글짓기를 해 볼까요? (예) 나는 친구의 이야기를 집중해서 들었어요.

집중하다 :

기울이다

(뜻) : 정성·마음·힘 등을 한곳으로 모으다. / 다른 뜻 : 일정한 기준에서 한편으로 쏠리게 하다.
(교과서 예문) 선생님께서 들려주시는 이야기를 귀 기울여 들었다.

◉ 낱말을 따라 써 볼까요?

| 기 | 울 | 이 | 다 | | 기 | 울 | 이 | 다 | | 기 | 울 | 이 | 다 |

◉ 글을 따라 써 볼까요?

| 친 | 구 | 들 | | 의 | 견 | 에 | | 귀 | 를 | | 기 | 울 | 여 | 요 |

기울이다 낱말을 넣어 짧은 글짓기를 해 볼까요? (예) 선생님 말씀에 주의를 기울였어요.

기울이다 :

가지런히

(뜻) : 들쭉날쭉하지 않고 고르게.
(교과서 예문) 다리를 가지런히 했다.

◉ 낱말을 따라 써 볼까요?

| 가 | 지 | 런 | 히 | | 가 | 지 | 런 | 히 | | 가 | 지 | 런 | 히 |

◉ 글을 따라 써 볼까요?

| 구 | 두 | 를 | | 가 | 지 | 런 | 히 | | 놓 | 았 | 어 | 요 | |

가지런히 낱말을 넣어 짧은 글짓기를 해 볼까요? (예) 책을 책장에 가지런히 정리했어요.

가지런히 :

더 해보아요

앞에서 공부한 낱말들을 떠올리며 문제를 풀어 볼까요?

1) 뜻에 알맞은 낱말이 되도록 (보기) 에서 글자를 찾아 써 볼까요?

보기 :　가　깨　받　발　집

(1) 들쭉날쭉하지 않고 고르게. = ☐ 지 런 히

(2) 한글에서 모음자 밑에 받쳐 쓰는 글자. = ☐ 침

(3) 양어깨 사이의 거리. = 어 ☐ 너 비

(4) 한곳으로 모이거나 어떤 일에 정신을 모으다. = ☐ 중 하 다

(5) 어떤 사실이나 생각 또는 결과 등을 알리다. = ☐ 표 하 다

2) 문장에 어울리는 낱말을 (　　) 안에서 골라 O표 해 볼까요?

(1) 극장에 걸린 만화 영화의 (내용 / 표현)이 궁금했어요.

(2) 친구와 똑같은 옷을 입었는데 왜 (다른 / 틀린) 옷을 입은 것 같을까요?

(3) 아빠가 하시는 말씀을 귀를 (기울이고 / 닫고서) 들었어요.

3) 낱말에 어떤 받침이 쓰였는지 (보기)에서 찾아 (　　)에 써 볼까요?

보기 :　ㅂ　ㅇ　ㅍ

(1) (　　　　)　　(2) (　　　　)　　(3) (　　　　)

4) 어깨너비 만큼 다리를 벌린 친구에게 O표 해 볼까요?

(1)(   )

(2)(   )

5) 문장에 어울리는 낱말을 (   ) 안에서 골라 O표 해 볼까요?

(1)나비를 관찰하고 친구들 앞에서 (발표 / 노력)하기로 했어요.

(2)형과 내 얼굴이 (틀리게 / 다르게) 생겨서 형제 같지 않아요.

(3)흩어져 있는 책을 (가지런히 / 울퉁불퉁) 정돈했어요.

(4)'물' 글자에서 받침은 (ㅜ / ㄹ)이에요.

*앞에서 배운 낱말 중에 잘 알고 있는 것에 O를 할까요?

(   )내용 (   )받침 (   )다르다 (   )발표하다 (   )자기소개
(   )어깨너비 (   )벌리다 (   )집중하다 (   )가지런히

*오늘 있었던 일 중에서 낱말 두 가지를 정하여 짧은 글짓기를 해 볼까요?

(예) 아이스크림 : 아이스크림을 사서 친구와 나눠 먹었어요.

(1)

(2)

3. 덧셈과 뺄셈

낱말 뜻을 이해하고 낱말의 쓰임을 완벽하게 익혀볼까요?

모으다

(뜻) : 흩어져 있는 것을 한 데 합치다.
(교과서 예문) 모으기와 가르기를 해 봅시다.

⊙ 낱말을 따라 써 볼까요?

모	으	다		모	으	다		모	으	다		모	으	다

⊙ 글을 따라 써 볼까요?

쓰	레	기	를		한	군	데	로		모	았	어	요

모으다 낱말을 넣어 짧은 글짓기를 해 볼까요? (예) 우리는 돈 모으기를 해서 불우이웃을 도왔어요.

모으다 :

가르다

(뜻) : 무엇을 쪼개거나 나누다.
(교과서 예문) 모으기와 가르기를 수로 나타내 봅시다.

⊙ 낱말을 따라 써 볼까요?

가	르	다		가	르	다		가	르	다		가	르	다

⊙ 글을 따라 써 볼까요?

편	을		둘	로		가	르	고		놀	았	어	요

가르다 낱말을 넣어 짧은 글짓기를 해 볼까요? (예) 이번에는 가위바위보로 편을 가르기로 했어요.

가르다 :

세다

(뜻) : 개수를 헤아리거나 알아내는 것. / 다른 뜻 : 힘이 많다.
(교과서 예문) 모아서 세어 볼까?

◉ 낱말을 따라 써 볼까요?

| 세 | 다 | | 세 | 다 | | 세 | 다 | | 세 | 다 | | 세 | 다 | |

◉ 글을 따라 써 볼까요?

| 참 | 석 | 한 | | 아 | 이 | 들 | | 수 | 를 | | 세 | 었 | 어 | 요 |

세다 낱말을 넣어 짧은 글짓기를 해 볼까요? (예) 닭이 모두 몇 마리인지 세어 보았어요.

세다 :

더하기

(뜻) : 어떤 수에 다른 수를 합하는 것.
(교과서 예문) 더하기는 +로 같다는 =로 나타내요.

◉ 낱말을 따라 써 볼까요?

| 더 | 하 | 기 | | 더 | 하 | 기 | | 더 | 하 | 기 | | 더 | 하 | 기 |

◉ 글을 따라 써 볼까요?

| 삼 | | 더 | 하 | 기 | | 육 | 은 | | 구 | 입 | 니 | 다 | | |

더하기 낱말을 넣어 짧은 글짓기를 해 볼까요? (예) 학교에서 더하기를 배웠어요.

더하기 :

덧셈식

(뜻) : 어떤 수에 다른 수를 더하는 셈식.
(교과서 예문) 나비는 모두 몇 마리인지 덧셈식을 쓰고 읽어 봅시다.

◉ 낱말을 따라 써 볼까요?

| 덧 | 셈 | 식 | | 덧 | 셈 | 식 | | 덧 | 셈 | 식 | | 덧 | 셈 | 식 |

◉ 글을 따라 써 볼까요?

| 오 | 늘 | 은 | | 덧 | 셈 | 식 | 을 | | 배 | 웠 | 어 | 요 | | |

덧셈식 낱말을 넣어 짧은 글짓기를 해 볼까요? (예) 나는 덧셈식이 아주 재미있어요.

덧셈식 :

---

3. 덧셈과 뺄셈

낱말 뜻을 이해하고 낱말의 쓰임을 완벽하게 익혀볼까요?

빼기

(뜻) : 어떤 수에서 다른 수를 빼는 것.
(교과서 예문) 빼기는 -로, 같다는 =로 나타내요.

⊙ 낱말을 따라 써 볼까요?

| 빼 | 기 | | 빼 | 기 | | 빼 | 기 | | 빼 | 기 | | 빼 | 기 | |

⊙ 글을 따라 써 볼까요?

| 나 | 는 | | 더 | 하 | 기 | | 빼 | 기 | 가 | | 어 | 려 | 워 | 요 |

빼기 낱말을 넣어 짧은 글짓기를 해 볼까요? (예) 구 빼기 삼은 육이 나와요.

빼기 :

뺄셈식

(뜻) : 어떤 수에서 다른 수를 빼는 셈식.
(교과서 예문) 뺄셈식을 쓰고 읽어 봅시다.

⊙ 낱말을 따라 써 볼까요?

| 뺄 | 셈 | 식 | | 뺄 | 셈 | 식 | | 뺄 | 셈 | 식 | | 뺄 | 셈 | 식 |

⊙ 글을 따라 써 볼까요?

| 덧 | 셈 | 식 | 을 | | 뺄 | 셈 | 식 | 으 | 로 | | 바 | 꿨 | 어 | 요 |

뺄셈식 낱말을 넣어 짧은 글짓기를 해 볼까요? (예) 덧셈식을 해야 하는데 뺄셈식으로 풀었어요.

뺄셈식 :

구하다

(뜻) : 필요한 것을 찾거나 얻다. / 다른 뜻 : 누군가를 위험한 상황에서 벗어나게 하다.

(교과서 예문) 남은 오이의 수를 어떻게 구할지 이야기해 봅시다.

◉ **낱말을 따라 써 볼까요?**

구	하	다		구	하	다		구	하	다		구	하	다

◉ **글을 따라 써 볼까요?**

문	제	를		풀	고		답	을		구	했	어	요	

구하다 낱말을 넣어 짧은 글짓기를 해 볼까요? (예) 먹고 남은 오렌지가 몇 개인지 답을 구했어요.

구하다 :

남다

(뜻) : 다 쓰지 않아서 나머지가 더 있다.

(교과서 예문) 남은 오이의 수를 어떻게 구할지 이야기해 봅시다.

◉ **낱말을 따라 써 볼까요?**

남	다		남	다		남	다		남	다		남	다

◉ **글을 따라 써 볼까요?**

먹	고		남	은		빵	이		다	섯		개	예	요

남다 낱말을 넣어 짧은 글짓기를 해 볼까요? (예) 동생 손에 사탕 두 개가 남아 있어요.

남다 :

풀다

(뜻) : 답을 알아내다. / 다른 뜻 : 실이나 감정 등이 얽힌 것을 정상으로 되돌리다.

(교과서 예문) 내가 만든 문제를 풀어 봐.

◉ **낱말을 따라 써 볼까요?**

풀	다		풀	다		풀	다		풀	다		풀	다

◉ **글을 따라 써 볼까요?**

형	이		어	려	운		문	제	를		풀	었	어	요

풀다 낱말을 넣어 짧은 글짓기를 해 볼까요? (예) 이 문제는 어떻게 풀어야 하는지 모르겠어요.

풀다 :

더 해보아요

앞에서 공부한 낱말들을 떠올리며 문제를 풀어 볼까요?

1) 뜻에 알맞은 낱말이 되도록 (보기)에서 글자를 찾아 써 볼까요?

보기 :　　남　　모　　가　　구

(1) 흩어져 있는 것을 한 데 합치다. = ☐ 으 다

(2) 무엇을 쪼개거나 나누다. = ☐ 르 다

(3) 필요한 것을 찾거나 얻다. = ☐ 하 다

(4) 다 쓰지 않아서 나머지가 더 있다. = ☐ 다

2) 뜻에 알맞은 낱말을 글자판에서 찾아 묶고 (　)에 써 볼까요?

(낱말을 가로, 세로 방향으로 찾으면 되어요)

모	더	하	기
가	르	뺄	덧
세	풀	기	셈
다	뺄	셈	식

① 개수를 헤아리거나 알아내는 것. (　　　　　)

② 어떤 수에 다른 수를 합하는 것. (　　　　　)

③ 어떤 수에서 다른 수를 빼는 셈식. (　　　　　)

④ 어떤 수에 다른 수를 더하는 셈식. (　　　　　)

3) 문장에 어울리는 낱말을 (　) 안에서 골라 O표 해 볼까요?

(1) 사과 다섯 개에서 두 개를 (빼면 / 더하면) 세 개가 남아요.

(2) 어려운 문제를 모두 (풀고 / 닫고) 났더니 기분이 홀가분해요.

(3) 3+4를 (덧셈식 / 뺄셈식)으로 풀면 답은 7이 되어요.

(4) 9-5를 (뺄셈식 / 덧셈식)으로 풀면 답은 4가 되어요.

4) 설명을 제대로 한 친구에게 O표 해 볼까요?

(1)(　　　　)   (2)(　　　　)

5) 그림을 보고 알맞은 낱말에 O표 해 볼까요?

(1)(덧셈식 / 뺄셈식)   (2)(덧셈식 / 뺄셈식)

*앞에서 배운 낱말 중에 잘 알고 있는 것에 O를 할까요?

(　　)모으다 (　　)가르다 (　　)세다 (　　)더하기 (　　)덧셈식

(　　)빼기 (　　)뺄셈식 (　　)구하다 (　　)남다 (　　)풀다

*오늘 있었던 일 중에서 낱말 두 가지를 정하여 짧은 글짓기를 해 볼까요?

(예) 떡볶이 : 나는 엄마가 만든 떡볶이가 제일 맛있어요.

(1)

____

(2)

____

3. 낱말과 친해져요

낱말 뜻을 이해하고 낱말의 쓰임을 완벽하게 익혀볼까요?

즐겁다

(뜻) : 마음에 들어서 기쁘고 만족스럽다.
(교과서 예문) 낱말을 읽고 쓰는 즐거움 알기

◉ 낱말을 따라 써 볼까요?

| 즐 | 겁 | 다 | | 즐 | 겁 | 다 | | 즐 | 겁 | 다 | | 즐 | 겁 | 다 |

◉ 글을 따라 써 볼까요?

| 오 | 늘 | 도 | | 형 | 과 | | 즐 | 겁 | 게 | | 놀 | 았 | 어 | 요 |

즐겁다 낱말을 넣어 짧은 글짓기를 해 볼까요? (예) 나는 노래를 부르는 것이 즐거워요.

즐겁다 :

겪다

(뜻) : 어려운 일을 당하거나 경험하다.
(교과서 예문) 토순이가 겪은 일을 살펴봅시다.

◉ 낱말을 따라 써 볼까요?

| 겪 | 다 | | 겪 | 다 | | 겪 | 다 | | 겪 | 다 | | 겪 | 다 |

◉ 글을 따라 써 볼까요?

| 할 | 아 | 버 | 지 | 는 | | 전 | 쟁 | 을 | | 겪 | 었 | 어 | 요 |

겪다 낱말을 넣어 짧은 글짓기를 해 볼까요? (예) 도로공사로 많은 불편함을 겪어야 했어요.

겪다 :

좋아하다

(뜻) : 무엇을 좋게 여기거나 사랑하다.
(교과서 예문) 토순이 엄마가 좋아하는 과일의 이름을 적확하게 따라 써 봅시다.

◉ 낱말을 따라 써 볼까요?

| 좋 | 아 | 하 | 다 | | 좋 | 아 | 하 | 다 | | 좋 | 아 | 하 | 다 | |

◉ 글을 따라 써 볼까요?

| 우 | 리 | 는 | | 선 | 생 | 님 | 을 | | 좋 | 아 | 해 | 요 | |

좋아하다 낱말을 넣어 짧은 글짓기를 해 볼까요? (예) 동생은 엄마보다 아빠를 더 좋아해요.

좋아하다 :

떠올리다

(뜻) : 기억을 되살려 생각이 나게 하다. / (교과서 예문) 자신이 다른 사람을 도와주었거나 다른 사람에게 도움받은 경험을 떠올려 보고 그때의 기분을 말해 봅시다.

◉ 낱말을 따라 써 볼까요?

| 떠 | 올 | 리 | 다 | | 떠 | 올 | 리 | 다 | | 떠 | 올 | 리 | 다 |

◉ 글을 따라 써 볼까요?

| 할 | 아 | 버 | 지 | | 얼 | 굴 | 이 | | 떠 | 올 | 랐 | 어 | 요 |

떠올리다 낱말을 넣어 짧은 글짓기를 해 볼까요? (예) 지난 여름을 떠올리면 웃음이 나와요.

떠올리다 :

고치다

(뜻) : 못 쓰게 된 것을 손질하여 쓸 수 있게 하다.
(교과서 예문) 받침이 있는 낱말을 바르게 고쳐 써 봅시다.

◉ 낱말을 따라 써 볼까요?

| 고 | 치 | 다 | | 고 | 치 | 다 | | 고 | 치 | 다 | | 고 | 치 | 다 |

◉ 글을 따라 써 볼까요?

| 틀 | 린 | | 낱 | 말 | 을 | | 고 | 쳐 | | 썼 | 어 | 요 |

고치다 낱말을 넣어 짧은 글짓기를 해 볼까요? (예) 아빠가 낡은 자전거를 새것으로 고쳐주었어요.

고치다 :

3. 낱말과 친해져요

낱말 뜻을 이해하고 낱말의 쓰임을 완벽하게 익혀볼까요?

국어 교과서 어휘
수록 교과서 국어 1-1 ㉯

고르다

(뜻) : 여러 중에서 가려내거나 뽑다.
(교과서 예문) 바르게 쓴 낱말을 고르며 길을 찾아가 봅시다.

⊙ 낱말을 따라 써 볼까요?

고	르	다		고	르	다		고	르	다		고	르	다

⊙ 글을 따라 써 볼까요?

엄	마	랑		썩	은		콩	을		골	라	냈	어	요

고르다 낱말을 넣어 짧은 글짓기를 해 볼까요? (예) 과일 가게에서 싱싱한 사과를 골라 담았어요.

고르다 :

차이

(뜻) : 서로 같지 않고 다른 것.
(교과서 예문) 낱말을 읽을 때 나는 자음자 소리의 차이를 알아봅시다.

⊙ 낱말을 따라 써 볼까요?

차	이		차	이		차	이		차	이		차	이

⊙ 글을 따라 써 볼까요?

형	과		나	는		다	섯		살		차	이	예	요

차이 낱말을 넣어 짧은 글짓기를 해 볼까요? (예) 우리 팀이 큰 점수 차이로 이겼어요.

차이 :

주의하다

(뜻) : 마음에 새기고 조심하다.
(교과서 예문) 선생님을 따라 파란색 자음자에 주의하여 낱말을 읽어 봅시다.

◉ 낱말을 따라 써 볼까요?

| 주 | 의 | 하 | 다 | | 주 | 의 | 하 | 다 | | 주 | 의 | 하 | 다 | |

◉ 글을 따라 써 볼까요?

| 실 | 수 | 하 | 지 | | 않 | 도 | 록 | | 주 | 의 | 했 | 어 | 요 | |

주의하다 낱말을 넣어 짧은 글짓기를 해 볼까요? (예) 복도에서 뛰지 않도록 주의하겠습니다.

주의하다 :

이동하다

(뜻) : 옮겨서 자리를 바꾸다.
(교과서 예문) 가위바위보에서 이기면 두 칸씩 지면 한 칸씩 앞으로 이동한다.

◉ 낱말을 따라 써 볼까요?

| 이 | 동 | 하 | 다 | | 이 | 동 | 하 | 다 | | 이 | 동 | 하 | 다 | |

◉ 글을 따라 써 볼까요?

| 우 | 리 | 는 | | 미 | 술 | 실 | 로 | | 이 | 동 | 했 | 어 | 요 | |

이동하다 낱말을 넣어 짧은 글짓기를 해 볼까요? (예) 가을이 되면 철새의 이동이 시작되어요.

이동하다 :

움직이다

(뜻) : 자세나 위치를 바꾸거나 옮기다.
(교과서 예문) 좋아하는 동물의 이름을 쓰고 그 동물이 움직이는 모습을 그려 봅시다.

◉ 낱말을 따라 써 볼까요?

| 움 | 직 | 이 | 다 | | 움 | 직 | 이 | 다 | | 움 | 직 | 이 | 다 | |

◉ 글을 따라 써 볼까요?

| 동 | 생 | 이 | | 책 | 상 | 을 | | 움 | 직 | 였 | 어 | 요 | |

움직이다 낱말을 넣어 짧은 글짓기를 해 볼까요? (예) 움직이는 나비 모습을 그림으로 그렸어요.

움직이다 :

더 해보아요

앞에서 공부한 낱말들을 떠올리며 문제를 풀어 볼까요?

1) 낱말의 뜻이 무엇인지 (　　) 안에서 골라 O표 해 볼까요?

(1) 즐겁다 ＝ 마음에 들어서 (기쁘고 / 슬프고) 만족스럽다.

(2) 겪다 ＝ 어려운 일을 당하거나 (경험하다 / 도망치다).

(3) 좋아하다 ＝ 무엇을 (싫게 / 좋게) 여기거나 사랑하다.

(4) 고치다 ＝ 못쓰게 된 것을 (손질해서 / 꾸며서) 쓸 수 있게 하다.

(5) 고르다 ＝ (낱개 / 여럿) 중에서 가려내거나 뽑다.

2) 그림을 보고 어울리는 낱말을 (보기)에서 찾아 (　　)에 써 볼까요?

보기 :　　주의하다　　이동하다　　움직이다

(1)(　　　　　)　　(2)(　　　　　)　　(3)(　　　　　)

3) 밑줄 친 낱말을 알맞게 사용한 문장에 O표 해 볼까요?

(1)아파트 승강기 공사를 해서 불편을 겪었어요. (　　)

(2)수학 문제를 풀다가 맞는 문제를 고쳤어요. (　　)

(3)힘든 숙제를 하느라 엄청 즐거웠어요. (　　)

(4)갖기 싫은 장난감을 선물받고 몹시 좋아했어요. (　　)

4) 문장에 어울리는 낱말을 (보기)에서 찾아 (   )에 써 볼까요?

보기 :   좋아서   즐거워   이동   움직이며   떠올리면

(1)동생이 미끄럼틀을 타며 (   )했어요.

(2)나는 짝꿍이(   ) 항상 같이 다녀요.

(3)시골에 사시는 할머니를 (   ) 기분이 좋아요.

(4)국어 시간이 끝나고 미술실로 (   )했어요.

(5)지렁이가 꿈틀꿈틀 (   ) 기어갔어요.

5) 문장에 어울리는 낱말을 (   ) 안에서 골라 O표 해 볼까요?

(1)친구는 나를 (좋아해서 / 싫어해서) 내 옆에만 있어요.

(2)옛날에 동생과 싸운 일을 (잊으면 / 떠올리면) 부끄러워져요.

(3)전기는 항상 (주의해서 / 편하게) 사용해야 해요.

(4)체육 시간이어서 운동장으로 (이동 / 정지)했어요.

(5)동생은 잠시도 가만 있지 않고 (움직여서 / 잠을 자서) 야단을 맞기도 해요.

*앞에서 배운 낱말 중에 잘 알고 있는 것에 O를 할까요?

(   )즐겁다 (   )겪다 (   )좋아하다 (   )떠올리다 (   )고치다

(   )고르다 (   )차이 (   )주의하다 (   )이동하다 (   )움직이다

*오늘 있었던 일 중에서 낱말 두 가지를 정하여 짧은 글짓기를 해 볼까요?

(예) 책상 : 내 책상은 형이 쓰던 것이라 많이 낡았어요.

(1)

(2)

사람들

낱말 뜻을 이해하고 낱말의 쓰임을 완벽하게 익혀볼까요?

주변

(뜻) : 어떤 대상의 둘레 부근.
(교과서 예문) 내 주변 사람들

◉ 낱말을 따라 써 볼까요?

| 주 | 변 | | 주 | 변 | | 주 | 변 | | 주 | 변 | | 주 | 변 | |

◉ 글을 따라 써 볼까요?

| 내 | | 주 | 변 | 에 | 는 | | 친 | 구 | 가 | | 많 | 아 | 요 |

주변 낱말을 넣어 짧은 글짓기를 해 볼까요? (예) 나는 책상 주변을 항상 깨끗하게 청소해요.

주변 :

해결하다

(뜻) : 어려운 일이나 문제를 잘 처리하다.
(교과서 예문) 고민을 나누니 해결 방법이 떠오르네.

◉ 낱말을 따라 써 볼까요?

| 해 | 결 | 하 | 다 | | 해 | 결 | 하 | 다 | | 해 | 결 | 하 | 다 |

◉ 글을 따라 써 볼까요?

| 수 | 학 | | 문 | 제 | 를 | | 해 | 결 | 했 | 어 | 요 | | |

해결하다 낱말을 넣어 짧은 글짓기를 해 볼까요? (예) 친구들과 다툰 일을 해결했어요.

해결하다 :

표정

(뜻) : 마음속의 감정이 얼굴에 나타난 모습.
(교과서 예문) 사람들의 표정을 살펴볼까요?

◉ 낱말을 따라 써 볼까요?

| 표 | 정 | | 표 | 정 | | 표 | 정 | | 표 | 정 | | 표 | 정 | |

◉ 글을 따라 써 볼까요?

| 엄 | 마 | | 표 | 정 | 이 | | 퍽 | | 행 | 복 | 해 | 요 | | |

표정 낱말을 넣어 짧은 글짓기를 해 볼까요? (예) 동생이 놀란 표정으로 나를 보았어요.

표정 :

가깝다

(뜻) : 다른 사람과 서로 사이가 좋다. / 다른 뜻 : 어느 한 곳에서 다른 곳까지의 거리가 짧다.
(교과서 예문) 자주 만나는 사람을 가깝게 놓아볼까?

◉ 낱말을 따라 써 볼까요?

| 가 | 깝 | 다 | | 가 | 깝 | 다 | | 가 | 깝 | 다 | | 가 | 깝 | 다 |

◉ 글을 따라 써 볼까요?

| 이 | 웃 | 끼 | 리 | | 가 | 깝 | 게 | | 지 | 내 | 요 | | |

가깝다 낱말을 넣어 짧은 글짓기를 해 볼까요? (예) 친구와 나는 아주 가깝게 지내요.

가깝다 :

가족

(뜻) : 한곳에 모여 사는 부모와 그 자식들.
(교과서 예문) 가족을 생각하며 노래를 불러 볼까요?

◉ 낱말을 따라 써 볼까요?

| 가 | 족 | | 가 | 족 | | 가 | 족 | | 가 | 족 | | 가 | 족 | |

◉ 글을 따라 써 볼까요?

| 어 | 제 | | 가 | 족 | | 모 | 임 | 이 | | 있 | 었 | 어 | 요 |

가족 낱말을 넣어 짧은 글짓기를 해 볼까요? (예) 강아지가 일주일 만에 가족 품으로 돌아왔어요.

가족 :

사람들

낱말 뜻을 이해하고 낱말의 쓰임을 완벽하게 익혀볼까요?

사람들 교과서 어휘
수록 교과서 사람들 1-1

이웃

(뜻) : 가까이 사는 집이나 가까이 사는 사람.
(교과서 예문) 이웃을 떠올리며 노래를 불러 볼까요?

◉ 낱말을 따라 써 볼까요?

| 이 | 웃 | | 이 | 웃 | | 이 | 웃 | | 이 | 웃 | | 이 | 웃 |

◉ 글을 따라 써 볼까요?

| 이 | 웃 | 끼 | 리 | | 사 | 이 | 좋 | 게 | | 지 | 내 | 요 |

이웃 낱말을 넣어 짧은 글짓기를 해 볼까요? (예) 우리 집은 이웃의 도움을 많이 받았어요.

이웃 :

정답다

(뜻) : 따뜻한 정이 있다.
(교과서 예문) 정다운 이웃

◉ 낱말을 따라 써 볼까요?

| 정 | 답 | 다 | | 정 | 답 | 다 | | 정 | 답 | 다 | | 정 | 답 | 다 |

◉ 글을 따라 써 볼까요?

| 얼 | 굴 | 을 | | 정 | 답 | 게 | | 쓰 | 다 | 듬 | 었 | 어 | 요 |

정답다 낱말을 넣어 짧은 글짓기를 해 볼까요? (예) 아빠와 엄마는 언제나 정답게 지내요.

정답다 :

모습

(뜻) : 사람이나 사물, 움직임 등이 겉으로 드러난 모양.
(교과서 예문) 이런 모습 저런 모습

◉ 낱말을 따라 써 볼까요?

| 모 | 습 | | 모 | 습 | 모 | 습 | 모 | 습 | 모 | 습 | |

◉ 글을 따라 써 볼까요?

| 엄 | 마 | | 모 | 습 | 을 | | 빼 | 닮 | 은 | | 아 | 기 | |

모습 낱말을 넣어 짧은 글짓기를 해 볼까요? (예) 강아지가 뛰어노는 모습이 귀여워요.

모습 :

고맙다

(뜻) : 남이 베풀어 준 도움 등으로 마음이 흐뭇하고 즐겁다.
(교과서 예문) 사람들에게 고마운 점을 떠올려 볼까요?

◉ 낱말을 따라 써 볼까요?

| 고 | 맙 | 다 | 고 | 맙 | 다 | 고 | 맙 | 다 | 고 | 맙 | 다 |

◉ 글을 따라 써 볼까요?

| 친 | 구 | 가 | | 도 | 와 | 줘 | 서 | | 고 | 마 | 웠 | 어 | 요 |

고맙다 낱말을 넣어 짧은 글짓기를 해 볼까요? (예) 넘어졌을 때 일으켜 준 친구가 고마웠어요.

고맙다 :

돕다

(뜻) : 남의 일을 거들거나 그 일이 잘 이루어지게 하다.
(교과서 예문) 내가 도와줄게요.

◉ 낱말을 따라 써 볼까요?

| 돕 | 다 | | 돕 | 다 | 돕 | 다 | 돕 | 다 | 돕 | 다 | |

◉ 글을 따라 써 볼까요?

| 형 | 이 | | 숙 | 제 | 를 | | 도 | 와 | 주 | 었 | 어 | 요 | |

돕다 낱말을 넣어 짧은 글짓기를 해 볼까요? (예) 엄마를 도와 설거지를 했어요.

돕다 :

더 해보아요

앞에서 공부한 낱말들을 떠올리며 문제를 풀어 볼까요?

1) 낱말의 뜻이 무엇인지 (　　) 안에서 골라 O표 해 볼까요?

(1) 주변 = 어떤 대상의 (한가운데 / 둘레 부근).

(2) 해결하다 = 어려운 일이나 문제를 잘 (처리한다 / 막는다).

(3) 표정 = 마음속의 감정이 얼굴에 (숨겨진 / 나타난) 모습.

(4) 가족 = 한곳에 (따로 / 모여) 사는 부모와 그 자식들.

(5) 모습 = 사람이나 사물, 움직임 등이 (속으로 / 겉으로) 드러난 모양.

2) 문장에 어울리는 낱말을 (보기)에서 찾아 (　　　)에 써 볼까요?

> 보기 :　　가깝다　　　정답다　　　고맙다

(1)우리는 이웃과 항상 다정하게 어울려요. (　　　　　　)

(2)우리 집에서 외가까지 가려면 5분도 안 걸려요. (　　　　　　)

(3)내가 혼자 집에 있으면 이웃집 아주머니가 항상 챙겨줘요. (　　　　　　)

3) 그림을 보고 어울리는 낱말을 (보기)에서 찾아 써 볼까요?

> 보기 :　　가족　　　　이웃

(1)(　　　　　　)

(2)(　　　　　　)

4) 밑줄 친 낱말을 알맞게 사용한 문장에 모두 O표 해 볼까요?

(1)우리 이웃은 아주 먼 곳에 살고 있어요. (   )

(2)정다운 우리 형제는 틈만 나면 아웅다웅 다퉈요. (   )

(3)배가 고픈데 형이 라면을 끓여줘서 정말 고마웠어요. (   )

(4)우리는 서로 돕는 사이라서 언제나 소중하게 여겨요. (   )

(5)주변을 깨끗하게 정리하는 것은 참 중요한 일이에요. (   )

5)밑줄 친 낱말을 알맞게 사용한 친구에게 모두 O표 해 볼까요?

(1)(   )   (2)(   )   (3)(   )

*앞에서 배운 낱말 중에 잘 알고 있는 것에 O를 할까요?

(   )주변 (   )해결하다 (   )표정 (   )가깝다 (   )가족

(   )이웃 (   )정답다 (   )모습 (   )고맙다 (   )돕다

*오늘 있었던 일 중에서 낱말 두 가지를 정하여 짧은 글짓기를 해 볼까요?

(예) 설거지 : 엄마 대신 설거지를 했어요. 힘들었지만 재미있었어요.

(1)

(2)

(해답) 1)(1)둘레 부근 (2)처리한다 (3)나타난 (4)모여 (5)겉으로 / 2)(1)정답다 (2)가깝다 (3)고맙다 / 3)(1)가족 (2)이웃 / 4)(3), (4), (5) / 5)(1), (3)

앞에서 배운 단어를 떠올리며 맞는 낱말에 O표를 하고 문장을 따라 써 볼까요?

1) 동생은 (바침 / 받침)을 빼놓고 글씨를 써요.

2) 쌍둥이인데도 성격이 (달으니까 / 다르니까) 잘 다투어요.

3) (어깨너비 / 어깨넓이)로 다리를 벌리고 섰어요.

4) 갖고 놀던 장난감을 (모우고 / 모으고) 방 청소를 했어요.

5) 오늘 수학 시간에 (덛셈식 / 덧셈식)을 배웠어요.

6) (뺄셈식 / 뺼셈식)을 할 때 어려우면 손가락으로 세어요.

7) 체육 시간에 편을 (가르고 / 갈으고) 축구 경기를 했어요.

8) 나는 형을 (조아해서 / 좋아해서) 매일 같이 있고 싶어요.

9) 전기를 사용할 때는 항상 (주이 / 주의)해야 해요.

10) 우리 (이웃 / 이웃)은 마음씨가 참 따뜻한 분들이에요.

〈어린왕자와 사막여우를 만나러 가요〉

*동화를 소리 내어 읽으며 앞에서 배운 낱말을 ☐ 안에 써 볼까요?

"제가 살던 별에는 바오밥나무와 예쁜 장미꽃이 있어요. 저는 그곳으로 돌아가 별과 장미꽃을 돌봐야 해요."

어린왕자는 아이들을 바라보며 정중하게 자기소개 를 했어요.

이번에는 사막여우 차례예요.

"저는 어린왕자와 어울려 노는 시간이 제일 행복해요."

아이들은 집중 해서 사막여우의 말을 들었어요.

"저는 많은 친구가 있지만 가장 가까운 친구는 사막여우죠."

어린왕자가 사막여우의 말을 거들었어요. 민아가 손을 들고 물었어요.

"어린왕자는 살던 별로 언제 돌아갈 거야?"

"장미꽃이 나를 많이 기다릴 테니까 빨리 가야 해. 그렇지만……."

㉠어린왕자는 사막여우 얼굴을 살피며 작게 말했어요.

"철새가 이동 할 때 떠날지도 몰라."

㉡"……."

사막여우는 말없이 발끝만 내려다보았어요. 그러다 아무렇지 않은 척 씩씩하게 말했어요.

"어린왕자가 저한테 더하기 빼기 도 가르쳐 주었어요. 그래서

저는 덧셈식 뺄셈식 도 자신 있게 할 수 있어요."

"사막여우는 어린 왕자가 매우 고맙겠구나. 서로 돕고 지내는

모습 이 참 보기 좋아요."

선생님이 사막여우와 어린왕자를 칭찬했어요.

"철새는 어떻게 모여?"

이번에는 철민이가 물었어요.

"아마도 추운 날씨가 철새들을 한자리에 모이게 할 거야. 나는 그 기

회를 놓치면 안 돼."

"철새들은 어린왕자를 무사히 별로 데려다 줄 거야."

사막여우는 창밖을 내다보며 말했어요.

"어린왕자가 떠나고 사막여우 혼자 남으면 많이 외롭겠다."

철민이가 말했어요.

"어린왕자가 떠나면서 사막여우도 데리고 가면 되잖아. 무슨 방법이 없어?"

"그건 어린왕자 힘으로는 해결 할 수 없는 일이야."

사막여우는 그렇게 말하고는 고개를 들렸어요. 눈물이 날 것 같았거든요.

나도 작가) 여러분이 그다음 이야기를 지어 볼까요?

어린왕자 :

____

사막여우 :

____

◉어린왕자와 사막여우 동화로 독해 실력을 높여 볼까요?

1) 글의 내용으로 맞는 것을 골라 볼까요? (　　)

(1)어린왕자와 사막여우는 친구들 앞에서 자기소개를 했다.

(2)어린왕자는 애들에게 별로 돌아가는 방법을 물었다.

(3)사막여우가 어린왕자를 못 가게 했다.

(4)어린왕자를 살던 별로 데려다 줄 새는 갈매기다.

(5)어린왕자는 살던 별로 갔다가 금방 돌아온다.

2) 어린왕자는 왜 살던 별로 돌아가야 한다고 말했나요? (　　)

(1)사막여우하고 더는 같이 살 수 없어서

(2)바오밥나무를 돌봐야 해서

(3)별과 장미꽃을 돌봐야 해서

(4)바오밥나무를 다른 곳으로 옮겨야 해서

(5)더는 지구에 머물 수가 없어서

3) 이 글에서 어린왕자의 마음으로 알맞은 것은 무엇일까요? (　　)

(1)사막여우와 헤어지기 싫지만 별과 장미꽃을 돌봐야 한다는 마음

(2)사막여우와 빨리 헤어지고 싶은 마음

(3)살던 별로 돌아갔다가 얼른 돌아오겠다는 마음

(4)사막여우를 데려가고 싶은 마음

(5)하루빨리 살던 별로 돌아가고 싶은 마음

(해답) 1)(1) / 2)(3)(3) / 3)(1)

〈문해 실력이 쑥쑥쑥〉 

◉어린왕자와 사막여우 동화로 문해 실력을 높여 볼까요?

1) 이 동화의 중심 내용은 무엇인가요? (   )

(1)빨리 헤어지고 싶은 어린왕자와 사막여우

(2)헤어지고 싶지 않은 어린왕자와 사막여우의 마음

(3)어린왕자가 떠나는 날을 정하는 일

(4)어린왕자가 떠난 뒤에 혼자 남을 사막여우

(5)살던 별로 돌아가고 싶어 하는 어린왕자의 마음

2) ㉠에서 어린왕자는 왜 사막여우 얼굴을 살폈을까요? (   )

(1)사막여우가 오해를 할까 봐

(2)사막여우가 말을 방해를 할까 봐

(3)사막여우와 빨리 헤어지고 싶어서

(4)떠난 뒤에 혼자 남을 사막여우에게 미안해서

(5)사막여우가 따라가겠다고 조를까 봐

3) ㉡에서 "……."는 사막여우의 어떤 마음이 담겨 있을까요? (   )

(1)슬픔

(2)기쁨

(3)불편함

(4)미움

(5)아무 생각없음

교과서 어휘력이 문해력의 시작이다!

- 한글의 어휘력 · 독해력 · 문해력을 그만 무시!
- 어휘력 · 독해력 · 문해력 실력은 모든 학업의 기본!
- 어휘력 · 독해력 · 문해력을 해결하려면 낱말 반복 복습부터 시작!
- 초등학교 교과서의 어휘력 · 독해력 · 문해력 해결은 명문대 입학의 지름길!

1회
국어 교과서 어휘

익히다 / 잇다 / 관련 / 팅기다 / 멈추다 /
짚다 / 생각그물 / 산책하다 / 발짝 /
드러나다

공부한 날 ( )월 ( )일

2회
수학 교과서 어휘

비교 / 양 / 길다 / 길이 / 무겁다 /
무게 / 좁다 / 많다 / 넓다 / 높다

공부한 날 ( )월 ( )일

3회
국어 교과서 어휘

**반갑다 / 인사말 / 웃어른 / 상대 / 다정하다 /
상황 / 장면 / 마음가짐 / 역할 / 다양하다**

공부한 날 (   )월 (   )일

4회
우리나라 교과서 어휘

**우리나라 / 태극기 / 무궁화 / 화폐 / 문양 /
한글 / 한복 / 민요 / 탈춤 / 한옥**

공부한 날 (   )월 (   )일

· 더 해보아요
· 받아쓰기를 해보아요
· 어린왕자와 사막여우를 만나러 가요
· 독해력이 쑥쑥쑥
· 문해력이 쑥쑥쑥

4. 여러 가지 낱말을 익혀요

낱말 뜻을 이해하고 낱말의 쓰임을 완벽하게 익혀볼까요?

국어 교과서 어휘
수록 교과서 국어 1-1 ㉯

익히다

(뜻) : 어떤 일을 잘할 수 있도록 배우거나 공부하다. / 다른 뜻 : 무언가를 굽다.
(교과서 예문) 여러 가지 낱말을 익혀요.

◉ **낱말을 따라 써 볼까요?**

익	히	다		익	히	다		익	히	다		익	히	다

◉ **글을 따라 써 볼까요?**

라	면		끓	이	는		방	법	을		익	혔	어	요

익히다 낱말을 넣어 짧은 글짓기를 해 볼까요? (예) 일찍 일어나는 습관을 익히기로 했어요.

익히다 :

잇다

(뜻) : 두 끝을 맞대어 하나로 만들다.
(교과서 예문) 공원에서 본 꽃과 꽃의 이름을 선으로 잇고 따라 써 봅시다.

◉ **낱말을 따라 써 볼까요?**

잇	다		잇	다		잇	다		잇	다		잇	다

◉ **글을 따라 써 볼까요?**

실	을		잇	고		뜨	개	질	을		했	어	요

잇다 낱말을 넣어 짧은 글짓기를 해 볼까요? (예) 두 점을 선으로 잇고 답을 적었어요.

잇다 :

(뜻) : 서로 관계가 있거나 연결이 되어 있다.
(교과서 예문) 선생님을 따라 가족과 관련 있는 낱말을 읽고 따라 써 봅시다.

⊙ 낱말을 따라 써 볼까요?

| 관 | 련 | | 관 | 련 | | 관 | 련 | | 관 | 련 | | 관 | 련 | |

⊙ 글을 따라 써 볼까요?

| 나 | 는 | | 그 | | 일 | 과 | | 관 | 련 | 이 | | 없 | 어 | 요 |

관련 낱말을 넣어 짧은 글짓기를 해 볼까요? (예) 우리 가족과 관련 있는 사람은 정말 많아요.

관련 :

(뜻) : 다른 물체에 부딪치거나 힘을 받아 튀어나온다.
(교과서 예문) 한 사람씩 순서대로 자신의 말을 손가락으로 튕긴다.

⊙ 낱말을 따라 써 볼까요?

| 튕 | 기 | 다 | | 튕 | 기 | 다 | | 튕 | 기 | 다 | | 튕 | 기 | 다 |

⊙ 글을 따라 써 볼까요?

| 물 | 을 | | 튕 | 기 | 며 | | 장 | 난 | 을 | | 쳤 | 어 | 요 | |

튕기다 낱말을 넣어 짧은 글짓기를 해 볼까요? (예) 풍선을 손가락으로 튕기며 놀았어요.

튕기다 :

(뜻) : 일이나 동작을 더 계속하지 않다.
(교과서 예문) 이미 색칠된 곳에 멈추면 다음 차례를 기다린다.

⊙ 낱말을 따라 써 볼까요?

| 멈 | 추 | 다 | | 멈 | 추 | 다 | | 멈 | 추 | 다 | | 멈 | 추 | 다 |

⊙ 글을 따라 써 볼까요?

| 가 | 던 | | 걸 | 음 | 을 | | 멈 | 추 | 었 | 어 | 요 | | | |

멈추다 낱말을 넣어 짧은 글짓기를 해 볼까요? (예) 동생이 뛰어가다가 갑자기 멈추었어요.

멈추다 :

4. 여러 가지 낱말을 익혀요

낱말 뜻을 이해하고 낱말의 쓰임을 완벽하게 익혀볼까요?

국어 교과서 어휘
수록 교과서 국어 1-1 ㉴

짚다

(뜻) : 손으로 가볍게 누르면서 대다.
(교과서 예문) 1의 낱말을 따라 쓰고 그림을 손으로 짚으며 낱말을 읽어 봅시다.

⊙ **낱말을 따라 써 볼까요?**

| 짚 | 다 | | 짚 | 다 | | 짚 | 다 | | 짚 | 다 | | 짚 | 다 | |

⊙ **글을 따라 써 볼까요?**

| 글 | 씨 | 를 | | 짚 | 으 | 며 | | 읽 | 었 | 어 | 요 |

짚다 낱말을 넣어 짧은 글짓기를 해 볼까요? (예) 동생 이마를 짚어 보니 몹시 뜨거웠어요.

짚다 :

생각그물

(뜻) : 마음속으로 지도를 그리듯이 줄거리를 정리하는 방법.
(교과서 예문) 학교와 관련 있는 낱말을 떠올리고 생각그물을 완성해 봅시다.

⊙ **낱말을 따라 써 볼까요?**

| 생 | 각 | 그 | 물 | | 생 | 각 | 그 | 물 | | 생 | 각 | 그 | 물 |

⊙ **글을 따라 써 볼까요?**

| 생 | 각 | 그 | 물 | 을 | | 그 | 리 | 면 | | 재 | 미 | 있 | 어 | 요 |

생각그물 낱말을 넣어 짧은 글짓기를 해 볼까요? (예) 생각그물을 그려가며 내용을 정리했어요.

생각그물 :

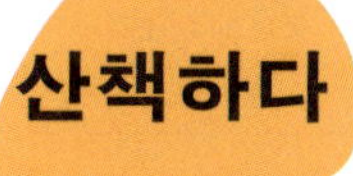

산책하다

(뜻) : 휴식, 건강을 위해 멀지 않은 거리를 천천히 걷다.

(교과서 예문) 아침 산책 다녀오는 이웃집 아저씨를 만나요.

◉ 낱말을 따라 써 볼까요?

산	책	하	다		산	책	하	다		산	책	하	다	

◉ 글을 따라 써 볼까요?

엄	마	와		함	께		산	책	을		했	어	요	

산책하다 낱말을 넣어 짧은 글짓기를 해 볼까요? (예) 공원에서 산책을 하다 귀여운 강아지를 보았어요.

산책하다 :

발짝

(뜻) : 발을 한 번 떼어 놓는 걸음을 세는 단위.

(교과서 예문) 한 발짝 한 발짝 재미있는 일이 일어나지만

◉ 낱말을 따라 써 볼까요?

발	짝		발	짝		발	짝		발	짝		발	짝	

◉ 글을 따라 써 볼까요?

놀	라	서		한		발	짝	을		물	러	섰	어	요

발짝 낱말을 넣어 짧은 글짓기를 해 볼까요? (예) 냇물을 건널 때는 한 발짝 한 발짝 조심해서 건너요.

발짝 :

드러나다

(뜻) : 보이지 않던 것이 보이게 되다.

(교과서 예문) 물건의 특징이 잘 드러나게 그림 낱말 카드 만들기

◉ 낱말을 따라 써 볼까요?

드	러	나	다		드	러	나	다		드	러	나	다	

◉ 글을 따라 써 볼까요?

거	짓	말	이		낱	낱	이		드	러	났	어	요	

드러나다 낱말을 넣어 짧은 글짓기를 해 볼까요? (예) 바닷물이 빠지자 모래 바닥이 드러났어요.

드러나다 :

더 해보아요

앞에서 공부한 낱말들을 떠올리며 문제를 풀어 볼까요?

1) 뜻에 알맞은 낱말이 되도록 〈보기〉에서 글자를 찾아 써 볼까요?

보기 :　　산　　　익　　　잇　　　팅

(1) 어떤 일을 잘할 수 있도록 배우거나 공부하다. ＝ ☐ 히 다

(2) 두 끝을 맞대어 하나로 만들다. ＝ ☐ 다

(3) 다른 물체에 부딪치거나 힘을 받아 튀어나오다. ＝ ☐ 기 다

(4) 휴식, 건강을 위해 멀지 않은 거리를 천천히 걷다. ＝ ☐ 책 하 다

2) 밑줄 친 낱말을 알맞게 사용한 친구에게 모두 O표 해 볼까요?

(1)(　　　)　　　　(2)(　　　)　　　　(3)(　　　)

3) 뜻이 반대되는 낱말끼리 짝 지어진 것을 모두 골라 볼까요? (　,　,　)

(1) 잇다 – 끊다

(2) 드러나다 – 감추다

(3) 팅기다 – 퉁기다

(4) 멈추다 – 움직이다

4) 문장에 어울리는 낱말을 (보기)에서 찾아 (   )에 써 볼까요?

보기 :   생각그물   산책   발짝   드러나서

(1)할머니는 아침마다 (   ) 삼아 마을 뒷산에 올라가요.

(2)책을 읽고 난 뒤에 (   )을 그려보면 내용이 정확히 정리가 되어요.

(3)지은 죄가 낱낱이 (   ) 벌을 받았어요.

(4)나는 놀라서 한 (   ) 뒤로 물러섰어요.

5)문장에 맞는 낱말을 (보기)에서 찾아 (   )에 써 볼까요?

보기 :   잇다   익히다

(1)아빠한테 야구하는 방법을 배웠어요. (   )

(2)끊어진 줄을 이어서 하나로 만들었어요. (   )

*앞에서 배운 낱말 중에 잘 알고 있는 것에 O를 할까요?

(   )익히다 (   )잇다 (   )관련 (   )튕기다 (   )멈추다

(   )짚다 (   )생각그물 (   )산책하다 (   )발짝 (   )드러나다

*오늘 있었던 일 중에서 낱말 두 가지를 정하여 짧은 글짓기를 해 볼까요?

(예) 산책 : 저녁을 먹은 뒤에 우리는 공원으로 산책을 나갔어요.

(1)

----

(2)

----

4. 비교하기

낱말 뜻을 이해하고 낱말의 쓰임을 완벽하게 익혀볼까요?

비교

(뜻) : 여럿을 서로 견주어 보는 것.
(교과서 예문) 양을 비교해 볼까요?

⊙ **낱말을 따라 써 볼까요?**

| 비 | 교 | | 비 | 교 | | 비 | 교 | | 비 | 교 | | 비 | 교 | |

⊙ **글을 따라 써 볼까요?**

| 사 | 과 | 를 | | 잘 | | 비 | 교 | 하 | 고 | | 샀 | 어 | 요 |

비교 낱말을 넣어 짧은 글짓기를 해 볼까요? (예) 나와 형의 키는 비교가 안 될 만큼 차이가 나요.

비교 :

양

(뜻) : 많거나 적은 정도를 나타내는 말. / 다른 뜻 : 털과 고기를 얻기 위해 기르는 동물.
(교과서 예문) 두 그릇에 담을 수 있는 양을 비교해 봅시다.

⊙ **낱말을 따라 써 볼까요?**

| 양 | 양 | 양 | 양 | 양 | 양 | 양 | 양 |

⊙ **글을 따라 써 볼까요?**

| 음 | 식 | | 쓰 | 레 | 기 | | 양 | 이 | | 참 | | 많 | 아 | 요 |

양 낱말을 넣어 짧은 글짓기를 해 볼까요? (예) 엄마가 음식물 쓰레기의 양을 줄이자고 했어요.

양 :

""

길다

(뜻) : 잇닿아 있는 물체의 두 끝이 서로 멀다.
(교과서 예문) 어느 것이 더 길까요?

◉ 낱말을 따라 써 볼까요?

| 길 | 다 | 길 | 다 | 길 | 다 | 길 | 다 | 길 | 다 | |

◉ 글을 따라 써 볼까요?

| 기 | 린 | 은 | | 사 | 슴 | 보 | 다 | | 목 | 이 | | 길 | 어 | 요 |

길다 낱말을 넣어 짧은 글짓기를 해 볼까요? (예) 여름 밤은 짧고 낮은 길어요.

길다 :

길이

(뜻) : 한쪽 끝에서 다른 쪽 끝까지의 거리.
(교과서 예문) 두 물건의 길이를 비교해 봅시다.

◉ 낱말을 따라 써 볼까요?

| 길 | 이 | 길 | 이 | 길 | 이 | 길 | 이 | 길 | 이 | |

◉ 글을 따라 써 볼까요?

| 기 | 차 | | 길 | 이 | 가 | | 아 | 주 | | 길 | 어 | 요 | | |

길이 낱말을 넣어 짧은 글짓기를 해 볼까요? (예) 자동차의 길이는 기차보다 짧아요.

길이 :

무겁다

(뜻) : 무게가 많이 나가다.
(교과서 예문) 어느 것이 더 무거운지 어떻게 알 수 있을까요?

◉ 낱말을 따라 써 볼까요?

| 무 | 겹 | 다 | 무 | 겹 | 다 | 무 | 겹 | 다 | 무 | 겹 | 다 |

◉ 글을 따라 써 볼까요?

| 시 | 장 | 바 | 구 | 니 | 가 | | 많 | 이 | | 무 | 거 | 웠 | 어 | 요 |

무겁다 낱말을 넣어 짧은 글짓기를 해 볼까요? (예) 형이 갖고 있는 책은 모두 무거워요.

무겁다 :

---

4. 비교하기

낱말 뜻을 이해하고 낱말의 쓰임을 완벽하게 익혀볼까요?

수학 교과서 어휘
수록 교과서 수학 1-1

무게

(뜻) : 물건의 무거운 정도.
(교과서 예문) 두 물건의 무게를 비교해 봅시다.

⊙ 낱말을 따라 써 볼까요?

| 무 | 게 | | 무 | 게 | | 무 | 게 | | 무 | 게 | | 무 | 게 | |

⊙ 글을 따라 써 볼까요?

| 배 | 와 | | 사 | 과 | | 무 | 게 | 를 | | 비 | 교 | 했 | 어 | 요 |

무게 낱말을 넣어 짧은 글짓기를 해 볼까요? (예) 저울을 사용하면 물건의 무게를 알 수 있어요.

무게 :

좁다

(뜻) : 면이나 바닥 따위의 면적이 작다.
(교과서 예문) 어느 것이 더 좁을까?

⊙ 낱말을 따라 써 볼까요?

| 좁 | 다 | | 좁 | 다 | | 좁 | 다 | | 좁 | 다 | | 좁 | 다 |

⊙ 글을 따라 써 볼까요?

| 좁 | 은 | | 골 | 목 | 에 | 서 | | 놀 | 면 | | 답 | 답 | 해 | 요 |

좁다 낱말을 넣어 짧은 글짓기를 해 볼까요? (예) 내 책상이 좁아서 불편해요.

좁다 :

많다

(뜻) : 수나 양이 기준보다 더 있다.
(교과서 예문) 어느 것에 더 많이 담을 수 있는지 알아봅시다.

◉ **낱말을 따라 써 볼까요?**

| 많 | 다 | | 많 | 다 | | 많 | 다 | | 많 | 다 | | 많 | 다 | |

◉ **글을 따라 써 볼까요?**

| 상 | 자 | 에 | | 사 | 과 | 를 | | 많 | 이 | | 담 | 았 | 어 | 요 |

많다 낱말을 넣어 짧은 글짓기를 해 볼까요? (예) 시골에 가면 밤하늘에 별이 아주 많아요.

많다 :

넓다

(뜻) : 면이나 바닥 따위의 면적이 크다.
(교과서 예문) 어느 것이 더 넓을까?

◉ **낱말을 따라 써 볼까요?**

| 넓 | 다 | | 넓 | 다 | | 넓 | 다 | | 넓 | 다 | | 넓 | 다 | |

◉ **글을 따라 써 볼까요?**

| 학 | 교 | | 운 | 동 | 장 | 은 | | 아 | 주 | | 넓 | 어 | 요 |

넓다 낱말을 넣어 짧은 글짓기를 해 볼까요? (예) 바다는 몹시 넓어서 끝이 보이지 않아요.

넓다 :

높다

(뜻) : 아래에서 위까지의 길이가 길다.
(교과서 예문) 파란색이 노란색보다 더 높아.

◉ **낱말을 따라 써 볼까요?**

| 높 | 다 | | 높 | 다 | | 높 | 다 | | 높 | 다 | | 높 | 다 | |

◉ **글을 따라 써 볼까요?**

| 새 | 떼 | 들 | 이 | | 아 | 주 | | 높 | 게 | | 날 | 아 | 가 | 요 |

높다 낱말을 넣어 짧은 글짓기를 해 볼까요? (예) 정글짐의 높이가 아주 높아요.

높다 :

더 해보아요

앞에서 공부한 낱말들을 떠올리며 문제를 풀어 볼까요?

1) 뜻을 읽으면서 네모 안의 낱말을 그대로 따라 써 볼까요?

(1) 한쪽 끝에서 다른 쪽 까지의 거리. 길이

(2) 면이나 바닥 따위의 면적이 작다. 좁다

(3) 수나 양이 기준보다 더 있다. 많다

(4) 면이나 바닥 따위의 면적이 크다. 넓다

(5) 여럿을 서로 견주어 보는 것. 비교

2) 밑줄 친 낱말을 알맞게 사용한 친구에게 모두 O표 해 볼까요?

(1) (　　　)　　　　(2) (　　　)　　　　(3) (　　　)

3) 다음 낱말과 반대되는 낱말을 (보기)에서 찾아 (　　)에 써 볼까요?

보기 :　　길다　　　많다　　　좁다

(1) 짧다 : (　　　　　　　)

(2) 넓다 : (　　　　　　　)

(3) 적다 : (　　　　　　　)

4) 그림을 보고 문장에 알맞은 낱말에 O표 해 볼까요?

(1)수박은 참외보다 무게가
(무겁다 / 가볍다)

(2)기차는 버스보다 길이가
(짧다 / 길다)

5) 문장에 어울리는 낱말을 (보기)에서 찾아 (   )에 써 볼까요?

보기 :   넓어서   비교   무게   길어서   많아서

(1)동생이 과자들을 (   )해 보고 큰 것을 골랐어요.

(2)대나무 길이가 아주 (   ) 끝이 안 보여요.

(3)저울에 가방을 올려놓고 (   )를 재어보았어요.

(4)가방 가게에 갔는데 가방 종류가 (   ) 고르기가 어려웠어요.

(5)우리 아빠 등은 아주 (   ) 업히면 기분이 좋아요.

*앞에서 배운 낱말 중에 잘 알고 있는 것에 O를 할까요?

(   )비교 (   )양 (   )길다 (   )길이 (   )무겁다
(   )무게 (   )좁다 (   )많다 (   )넓다 (   )높다

*오늘 있었던 일 중에서 낱말 두 가지를 정하여 짧은 글짓기를 해 볼까요?

(예) 놀이터 : 학교가 끝나고 친구들과 함께 놀이터에서 놀았어요.

(1)

(2)

5. 반갑게 인사해요

낱말 뜻을 이해하고 낱말의 쓰임을 완벽하게 익혀볼까요?

반갑다

(뜻) : 보고 싶던 사람을 만나서 마음이 즐겁고 기쁘다.

(교과서 예문) 반갑게 인사해요.

◉ 낱말을 따라 써 볼까요?

반	갑	다		반	갑	다		반	갑	다		반	갑	다

◉ 글을 따라 써 볼까요?

친	구	를		만	나	서		참		반	가	웠	어	요

반갑다 낱말을 넣어 짧은 글짓기를 해 볼까요? (예) 집에 오면 강아지가 반갑다며 빠르게 달려와요.

반갑다 :

인사말

(뜻) : 사람을 만나거나 헤어질 때 인사를 차려 하는 말.

(교과서 예문) 『모두 모두 안녕!』을 읽고 인사말을 찾아봅시다.

◉ 낱말을 따라 써 볼까요?

인	사	말		인	사	말		인	사	말		인	사	말

◉ 글을 따라 써 볼까요?

친	구		인	사	말	이		인	상		깊	었	어	요

인사말 낱말을 넣어 짧은 글짓기를 해 볼까요? (예) 선생님은 인사말도 없이 수업을 마쳤어요.

인사말 :

웃어른 (뜻) : 나이나 지위, 신분 등이 자기보다 높아서 모셔야 하는 어른.
(교과서 예문) 친구에게 하는 인사와 웃어른께 하는 인사가 다르구나.

◉ **낱말을 따라 써 볼까요?**

| 웃 | 어 | 른 | | 웃 | 어 | 른 | | 웃 | 어 | 른 | | 웃 | 어 | 른 |

◉ **글을 따라 써 볼까요?**

| 웃 | 어 | 른 | 들 | 께 | | 인 | 사 | 를 | | 했 | 어 | 요 | |

웃어른 낱말을 넣어 짧은 글짓기를 해 볼까요? (예) 우리 집의 큰 웃어른은 할아버지예요.

웃어른 :

상대 (뜻) : 어떤 관계로 마주 대하는 사람.
(교과서 예문) 상대도 자신에게 바르게 인사한다.

◉ **낱말을 따라 써 볼까요?**

| 상 | 대 | | 상 | 대 | | 상 | 대 | | 상 | 대 | | 상 | 대 |

◉ **글을 따라 써 볼까요?**

| 상 | 대 | | 눈 | 을 | | 보 | 며 | | 말 | 을 | | 해 | 요 |

상대 낱말을 넣어 짧은 글짓기를 해 볼까요? (예) 아빠는 엄마도 상대가 안 될 만큼 요리 실력이 좋아요.

상대 :

다정하다 (뜻) : 정이 많고 마음이 따뜻하다.
(교과서 예문) 다정하게 인사하기

◉ **낱말을 따라 써 볼까요?**

| 다 | 정 | 하 | 다 | | 다 | 정 | 하 | 다 | | 다 | 정 | 하 | 다 | |

◉ **글을 따라 써 볼까요?**

| 친 | 구 | 들 | 과 | | 다 | 정 | 하 | 게 | | 지 | 내 | 요 | |

다정하다 낱말을 넣어 짧은 글짓기를 해 볼까요? (예) 친구와 다정하게 손을 잡고 학교로 갔어요.

다정하다 :

5. 반갑게 인사해요

낱말 뜻을 이해하고 낱말의 쓰임을 완벽하게 익혀볼까요?

국어 교과서 어휘
수록 교과서 국어 1-1 ㉯

상황

(뜻) : 일이 되어 가는 형편이나 모양.

(교과서 예문) 상황에 맞는 인사말을 알아봅시다.

⊙ **낱말을 따라 써 볼까요?**

| 상 | 황 | | 상 | 황 | | 상 | 황 | | 상 | 황 | | 상 | 황 | |

⊙ **글을 따라 써 볼까요?**

| 상 | 황 | 에 | | 따 | 라 | | 말 | 이 | | 달 | 라 | 져 | 요 | |

상황 낱말을 넣어 짧은 글짓기를 해 볼까요? (예) 아기가 위험한 상황에 빠질까 봐 걱정이에요.

상황 :

장면

(뜻) : 어떤 장소에 무슨 일이 벌어지는 광경.

(교과서 예문) 상황에 알맞게 인사한 장면을 모두 찾아 O표를 해 보세요.

⊙ **낱말을 따라 써 볼까요?**

| 장 | 면 | | 장 | 면 | | 장 | 면 | | 장 | 면 | | 장 | 면 |

⊙ **글을 따라 써 볼까요?**

| 만 | 화 | | 영 | 화 | | 장 | 면 | 이 | | 떠 | 올 | 랐 | 어 | 요 |

장면 낱말을 넣어 짧은 글짓기를 해 볼까요? (예) 영화의 첫 장면에 호랑이가 나왔어요.

장면 :

마음가짐 (뜻) : 어떤 일에 대해 마음을 쓰는 자세나 태도.
(교과서 예문) 인사할 때 알맞은 행동이나 마음가짐을 친구들과 이야기해 보세요.

◉ 낱말을 따라 써 볼까요?

| 마 | 음 | 가 | 짐 | | 마 | 음 | 가 | 짐 | | 마 | 음 | 가 | 짐 | |

◉ 글을 따라 써 볼까요?

| 마 | 음 | 가 | 짐 | 을 | | 항 | 상 | | 바 | 르 | 게 | | 해 | 요 |

마음가짐 낱말을 넣어 짧은 글짓기를 해 볼까요? (예) 새로운 마음가짐으로 한 해를 시작했어요.

마음가짐 :

역할 (뜻) : 자기가 마땅히 해야 할 일이나 임무.
(교과서 예문) 역할놀이에서 어떤 역할을 할지 정해 보세요.

◉ 낱말을 따라 써 볼까요?

| 역 | 할 | | 역 | 할 | | 역 | 할 | | 역 | 할 | | 역 | 할 | |

◉ 글을 따라 써 볼까요?

| 내 | 가 | | 맡 | 은 | | 역 | 할 | 은 | | 흥 | 부 | 예 | 요 |

역할 낱말을 넣어 짧은 글짓기를 해 볼까요? (예) 이번 행사에서 내 역할은 노래 부르고 춤추기예요.

역할 :

다양하다 (뜻) : 모양, 빛깔, 형태 등이 여러 가지로 많다.
(교과서 예문) 『저녁 인사!』를 다시 듣고 다양한 방법으로 읽어 봅시다.

◉ 낱말을 따라 써 볼까요?

| 다 | 양 | 하 | 다 | | 다 | 양 | 하 | 다 | | 다 | 양 | 하 | 다 | |

◉ 글을 따라 써 볼까요?

| 아 | 이 | 들 | | 옷 | 차 | 림 | 이 | | 참 | | 다 | 양 | 해 | 요 |

다양하다 낱말을 넣어 짧은 글짓기를 해 볼까요? (예) 형은 다양한 모양의 로봇을 갖고 있어요.

다양하다 :

더 해보아요

앞에서 공부한 낱말들을 떠올리며 문제를 풀어 볼까요?

1) 낱말의 뜻이 무엇인지 ( ) 안에서 골라 O표 해 볼까요?

(1) 웃어른 = 나이 지위 신분 등이 자기보다 높아서 모셔야 하는 (어른 / 아이).

(2) 인사말 = 사람을 만나거나 헤어질 때 (말씨 / 인사)를 차려 하는 말.

(3) 마음가짐 = 어떤 일에 대해 (행동 / 마음)을 쓰는 자세나 태도.

(4) 장면 = 어떤 장소에 무슨 일이 (사라지는 / 벌어지는) 광경.

2) 문장에 어울리는 낱말을 (보기)에서 찾아 ( )에 써 볼까요?

> 보기 :   장면   상대   상황

(1)그 아이는 약한 아이를 괴롭혀서 (   )하기 싫어요.

(2)친구와 다툴 수 있는 (   )은 절대 안 만들어요.

(3))동생이 방귀를 뀌는 그 (   )이 정말 웃겼어요.

3) 밑줄 친 낱말을 알맞게 사용한 친구에게 O표 해 볼까요?

(1)(   )   (2)(   )   (3)(   )

4) 밑줄 친 낱말과 뜻이 비슷해서 바꾸어 써도 되는 말을 골라 볼까요? (   )

한동안 못 본 친구를 만나서 정말 <u>반가웠어요</u>.

(1)기뻤어요   (2)사랑스러웠어요   (3)자랑스러웠어요   (4)놀라웠어요

5) 그림을 보고 알맞은 낱말을 (보기)에서 찾아 (   )에 써 볼까요?

보기 :   다정하다   다양하다   반갑다

(1)(   )   (2)(   )   (3)(   )

*앞에서 배운 낱말 중에 잘 알고 있는 것에 O를 할까요?

(   )반갑다 (   )인사말 (   )웃어른 (   )상대 (   )다정하다
(   )상황 (   )장면 (   )마음가짐 (   )역할 (   )다양하다

*오늘 있었던 일 중에서 낱말 두 가지를 정하여 짧은 글짓기를 해 볼까요?
(예) 고양이 : 우리 집에 고양이 한 마리가 들어왔어요.

(1)

____

(2)

____

우리나라

낱말 뜻을 이해하고 낱말의 쓰임을 완벽하게 익혀볼까요?

우리나라 교과서 어휘
수록 교과서 우리나라 교과서 1-1

우리나라 (뜻) : 우리가 살고 있는 한국.
(교과서 예문) 안녕? 우리나라

⊙ **낱말을 따라 써 볼까요?**

우	리	나	라	우	리	나	라	우	리	나	라

⊙ **글을 따라 써 볼까요?**

우	리	나	라	춤	은	참	아	름	다	워	요

우리나라 낱말을 넣어 짧은 글짓기를 해 볼까요? (예) 우리나라 곳곳을 여행하고 싶어요.

우리나라 :

태극기 (뜻) : 우리나라의 국기.
(교과서 예문) 축구 경기장에서 태극기를 봤어요.

⊙ **낱말을 따라 써 볼까요?**

태	극	기	태	극	기	태	극	기	태	극	기

⊙ **글을 따라 써 볼까요?**

태	극	기	가	바	람	에	펄	럭	거	려	요

태극기 낱말을 넣어 짧은 글짓기를 해 볼까요? (예) 한글날 대문에 태극기를 꽂았어요.

태극기 :

무궁화

(뜻) : 우리나라를 대표하는 꽃.
(교과서 예문) 태극기와 무궁화를 떠올리며 노래를 불러 볼까요?

◉ 낱말을 따라 써 볼까요?

| 무 | 궁 | 화 | | 무 | 궁 | 화 | | 무 | 궁 | 화 | | 무 | 궁 | 화 |

◉ 글을 따라 써 볼까요?

| 공 | 원 | 에 | 서 | | 무 | 궁 | 화 | 를 | | 보 | 았 | 어 | 요 |

무궁화 낱말을 넣어 짧은 글짓기를 해 볼까요? (예) 노란색의 무궁화를 처음 보았어요.

무궁화 :

화폐

(뜻) : 물건을 사고팔 때 주고받는 종이나 쇠붙이로 만든 돈.
(교과서 예문) 우리나라 화폐에는 어떤 인물이 그려져 있는지 알아봅시다.

◉ 낱말을 따라 써 볼까요?

| 화 | 폐 | | 화 | 폐 | | 화 | 폐 | | 화 | 폐 | | 화 | 폐 |

◉ 글을 따라 써 볼까요?

| 화 | 폐 | 마 | 다 | | 문 | 양 | 이 | | 다 | | 달 | 라 | 요 |

화폐 낱말을 넣어 짧은 글짓기를 해 볼까요? (예) 오만 원 화폐에는 신사임당 얼굴이 그려져 있어요.

화폐 :

문양

(뜻) : 물건을 꾸미려고 겉에 그리거나 새긴 무늬.
(교과서 예문) 궁궐에 그려진 문양이 예뻐요.

◉ 낱말을 따라 써 볼까요?

| 문 | 양 | | 문 | 양 | | 문 | 양 | | 문 | 양 | | 문 | 양 |

◉ 글을 따라 써 볼까요?

| 옷 | 에 | | 새 | 겨 | 진 | | 문 | 양 | 이 | | 예 | 뻤 | 어 | 요 |

문양 낱말을 넣어 짧은 글짓기를 해 볼까요? (예) 궁궐 기둥에 그려진 문양을 살펴봤어요.

문양 :

우리나라

낱말 뜻을 이해하고 낱말의 쓰임을 완벽하게 익혀볼까요?

우리나라 교과서 어휘
수록 교과서 우리나라 교과서 1-1

한글

(뜻) : 세종대왕 시대에 만든 우리나라 글자의 이름.
(교과서 예문) 한글 박물관에 갔어요. 한글은 누가 만들었을까요?

⊙ **낱말을 따라 써 볼까요?**

| 한 | 글 | | 한 | 글 | | 한 | 글 | | 한 | 글 | | 한 | 글 | |

⊙ **글을 따라 써 볼까요?**

| 한 | 글 | 은 | | 배 | 울 | 수 | 록 | | 재 | 미 | 있 | 어 | 요 |

한글 낱말을 넣어 짧은 글짓기를 해 볼까요? (예) 동생이 한글을 읽기 시작했어요.

한글 :

한복

(뜻) : 우리나라 사람들이 옛부터 입던 옷.
(교과서 예문) 한옥 마을에 왔어요. 사람들이 다양한 한복을 입고 다녀요.

⊙ **낱말을 따라 써 볼까요?**

| 한 | 복 | | 한 | 복 | | 한 | 복 | | 한 | 복 | | 한 | 복 | |

⊙ **글을 따라 써 볼까요?**

| 내 | | 한 | 복 | 은 | | 분 | 홍 | 색 | 이 | 에 | 요 | | |

한복 낱말을 넣어 짧은 글짓기를 해 볼까요? (예) 이모 결혼식날 엄마는 한복을 입었어요.

한복 :

민요

(뜻) : 누가 언제 지었는지가 알려지지 않은 채 전해져 내려오는 노래.
(교과서 예문) 우리나라 민요

◉ 낱말을 따라 써 볼까요?

| 민 | 요 | | 민 | 요 | | 민 | 요 | | 민 | 요 | | 민 | 요 | |

◉ 글을 따라 써 볼까요?

| 아 | 리 | 랑 | 은 | | 우 | 리 | 나 | 라 | | 민 | 요 | 예 | 요 | |

민요 낱말을 넣어 짧은 글짓기를 해 볼까요? (예) 할머니는 민요 부르기를 좋아해요.

민요 :

탈춤

(뜻) : 얼굴에 탈을 쓰고 추는 춤.
(교과서 예문) 민속촌에서 탈춤을 구경했어요.

◉ 낱말을 따라 써 볼까요?

| 탈 | 춤 | | 탈 | 춤 | | 탈 | 춤 | | 탈 | 춤 | | 탈 | 춤 | |

◉ 글을 따라 써 볼까요?

| 우 | 리 | | 모 | 두 | | 탈 | 춤 | 을 | | 추 | 었 | 어 | 요 |

탈춤 낱말을 넣어 짧은 글짓기를 해 볼까요? (예) 탈을 쓰고 탈춤을 추는 사람들이 많았어요.

탈춤 :

한옥

(뜻) : 우리나라 고유의 형식으로 지은 집.
(교과서 예문) 한옥 마을에 왔어요. 멋스러운 한옥이 많아요.

◉ 낱말을 따라 써 볼까요?

| 한 | 옥 | | 한 | 옥 | | 한 | 옥 | | 한 | 옥 | | 한 | 옥 |

◉ 글을 따라 써 볼까요?

| 우 | 리 | | 집 | 은 | | 오 | 래 | 된 | | 한 | 옥 | 이 | 에 | 요 |

한옥 낱말을 넣어 짧은 글짓기를 해 볼까요? (예) 나는 아파트보다 한옥이 더 좋은 것 같아요.

한옥 :

더 해보아요

앞에서 공부한 낱말들을 떠올리며 문제를 풀어 볼까요?

1) 그림을 보고 무엇을 나타내는지 (보기)에서 찾아 (   )에 써 볼까요?

보기 :   태극기   무궁화   한옥

(1) (   ) (2) (   ) (3) (   )

2) 뜻에 알맞은 낱말이 되도록 (보기)에서 글자를 찾아 써 볼까요?

보기 :   화   문   옥   한

(1) 물건을 사고팔고 주고받는 종이나 쇠붙이로 만든 돈. = ☐ 폐

(2) 물건을 꾸미려고 겉에 그리거나 새긴 무늬. = ☐ 양

(3) 세종대왕 시대에 만든 우리나라 글자의 이름. = ☐ 글

(4) 우리나라 고유의 형식으로 지은 집. = 한 ☐

3) 밑줄친 낱말의 쓰임이 맞으면 O표, 맞지 않으면 X표 할까요?

(1) 많은 나라 중에서 <u>저희 나라</u>가 가장 좋아요. (   )

(2) <u>화폐</u> 대신 물건을 들고 다녀야 한다면 많이 불편할 거예요. (   )

(3) 우리나라를 대표하는 꽃은 <u>무궁화</u> 말고도 아주 많아요 (   )

4) 문장에 어울리는 낱말을 (   ) 안에서 골라 O표 해 볼까요?

(1) 새로 산 한복에는 전통 (문양 / 모양)이 새겨져 있어요.

(2) 시골 할머니댁의 (한옥 / 벽돌)은 조금 춥기는 해도 아늑해요.

(3) 민속 마을에 가면 탈을 쓰고 (탈춤 / 무용)을 추는 사람들이 많아요.

(4) 세종대왕이 (한글 / 한문)을 만들지 않았다면 많이 불편했을 거예요.

(5) 오만 원 (화폐 / 마패)에는 신사임당 얼굴이 그려져 있어요.

5) 뜻이 알맞은 낱말을 글자판에서 찾아 묶고 (   )에 써 볼까요?

한	복	레	우
글	무	태	리
민	궁	극	나
들	화	기	라

(낱말을 가로, 세로 방향으로 찾으면 되어요)

(1) 세종대왕 시대에 만든 우리나라 글자의 이름. (   )

(2) 우리가 살고 있는 한국. (   )

(3) 우리나라를 대표하는 꽃. (   )

(4) 우리나라의 국기. (   )

***앞에서 배운 낱말 중에 잘 알고 있는 것에 O를 할까요?**

(   )우리나라 (   )태극기 (   )무궁화 (   )화폐 (   )문양

(   )한글 (   )한복 (   )민요 (   )탈춤 (   )한옥

***오늘 있었던 일 중에서 낱말 두 가지를 정하여 짧은 글짓기를 해 볼까요?**

(예) 태극기 : 오늘은 국경일이라서 대문에 태극기를 꽂았어요.

(1)

(2)

받아쓰기를 해보아요

앞에서 배운 단어를 떠올리며 맞는 낱말에 O표를 하고 문장을 따라 써 볼까요?

1) 피아노 건반 (익히기 / 잇히기)를 시작했어요.

2) 그 사건은 친구와 (관련 / 관연)이 있어요.

3) 의자를 (집고 / 짚고) 일어섰어요.

4) 소매 (기리 / 길이)가 아주 길어요.

5) 엄마가 짐이 (무겁다며 / 무겁따며) 도와달라고 하셨어요.

6) 왜 그 (상황 / 상항)이 벌어졌는지 정말 모르겠어요.

7) 우리는 (역할 / 역활)놀이를 하며 놀았어요.

8))국경일에 (태극기 / 태국기)를 달았어요.

9) 공원에는 (무궁화 / 무궁하)가 많이 피어 있어요.

10)할머니는 노래 중에서 (민요 / 민효)를 아주 잘 불러요.

⟨어린왕자와 사막여우를 만나러 가요⟩

*동화를 소리 내어 읽으며 앞에서 배운 낱말을 ▢ 안에 써 볼까요?

오늘은 특별한 날이에요.

어린왕자와 사막여우가 민속 마을로 여행을 갔거든요.

"어린왕자야 안녕! 사막여우야 너도 안녕!"

"어서 와. 우리나라 민속 마을에 온 걸 환영해."

한복 을 입은 아이들이 어린왕자와 사막여우를 에워쌌어요.

"반겨줘서 정말 고마워"

어린왕자와 사막여우는 아이들에게 정답게 인사를 했어요.

사방이 시끌벅적했어요. 화단에는 예쁜 꽃들과 나무들이 자라고 있었고요.

많은 꽃 중에서 노란색, 분홍색, 하얀색 무궁화 가 가장 아름다웠어요. 울타리를 단장한 한옥 은 참 정겨웠고요. 어린왕자와 사막여우는 아이들과 함께 길고 좁은 골목길을 걸었어요. 꼭 산책을 나온 듯 모든 것이 한가하고 아름다웠어요.

㉠"내가 꿈꾸고 있는 건 아니지? 이렇게 멋진 곳을 구경하다니……."

감격한 사막여우는 말문을 잇지 못했어요.

상점 앞에서 사람들이 모여 있어요. 사막여우가 걸음을 멈추고 장난감 거문고 줄을 튕겼어요.

"팅팅팅~"

어린왕자가 재빨리 사막여우를 말렸어요.

"남의 물건을 함부로 손 대면 안 돼!"

기분이 상해버린 사막여우는 어린왕자를 노려봤어요.

"살짝 건들었을 뿐인데 왜 막는 거야?"

사막여우는 씩씩거렸지만 어린왕자는 웃어른 들을 상대 하느라

바빴어요.

"안녕하세요? 즐거운 여행 되세요."

"어린왕자와 사막여우구나. 만나서 반갑다."

태극기 가 새겨진 모자를 쓴 아이도 한글 과 예쁜 문양 이

그려진 티셔츠를 입은 아이도 손을 흔들었어요.

마당 쪽에서 아름다운 소리가 들렸어요.

"한국 민요 야. 민요는 들을수록 아름답다는 생각이 들어."

"그럼 그 뒤에 탈 쓰고 춤추는 사람들은 뭐야?"

"아, 탈춤 을 추고 있네. 우리도 같이 춤추자!"

어린왕자와 사막여우는 덩더꿍 덩더꿍 가락에 맞춰 즐겁게 춤을 추었어요.

(나도 작가) 여러분이 그다음 이야기를 지어 볼까요?

사막여우 :

____

어린왕자 :

____

◉어린왕자와 사막여우 동화로 독해 실력을 높여 볼까요?

1) 이글의 내용으로 알맞은 것은 모두 골라 볼까요? (,   ,   )

(1)어린왕자와 사막여우가 민속 마을에 놀러 왔어요.

(2)어린왕자와 사막여우는 민속 마을에 놀러 가기로 약속했어요.

(3)많은 아이와 어른들이 어린왕자와 사막여우를 환영했어요.

(4)어린왕자와 사막여우는 한옥, 민요, 탈춤 등을 구경했어요.

(5)어린왕자와 사막여우는 놀이공원에 놀러 왔어요.

2) 일이 일어난 순서대로 번호를 써 볼까요? (   )

(1)한복을 입은 애들이 어린왕자와 사막여우를 환영했어요. (   )

(2)민요 소리가 들리고 사람들이 탈춤을 추며 놀았어요. (   )

(3)어린왕자와 사막여우는 민요에 맞춰 춤을 추었어요. (   )

(4)사막여우가 장난감 거문고 줄을 튕겼어요. (   )

(5)어린왕자와 사막여우가 민속 마을에 놀러 왔어요. (   )

3) 어린왕자는 사막여우가 거문고 줄을 튕길 때 왜 막았나요? (   )

(1)남의 물건을 함부로 손 대면 안 되니까

(2)사막여우가 거문고를 망가뜨릴지 봐

(3)거문고를 사야 할 수도 있어서

(4)주인한테 혼나니까

(5)다른 애들이 따라 하면 안 되니까

(해답) 1)(1), (3), (4) / 2)(5)-(1)-(4)-(2)-(3) / 3)(1)

⟨문해 실력이 쑥쑥쑥⟩ 

◉어린왕자와 사막여우 동화로 문해 실력을 높여 볼까요?

1) ㉠에서 사막여우는 왜 말문을 잇지 못했을까요? (   )

(1)사람이 너무 많아 정신이 없어서

(2)시끌벅적한 것이 신기해서

(3)구경할 것이 많은 민속 마을에 온 것이 기뻐서

(4)아이들이 귀찮게 따라다녀서

(5)민속 마을에 온 것을 사방에 자랑하고 싶어서

2) ㉠을 통해 짐작할 수 있는 사막여우의 마음은 어떠할까요? (   )

(1)떨리는 마음

(2)무서운 마음

(3)기쁜 마음

(4)서운한 마음

(5)이해할 수 없는 마음

3) 친구가 남의 물건을 만지면 여러분은 어떻게 할까요?(   )

(1)주인 몰래 만져보게 한다.

(2)그 물건을 사서 친구에게 선물한다.

(3)남의 물건을 만지면 안 된다고 말린다.

(4)모른 척한다.

(5)나도 얼른 만져본다.

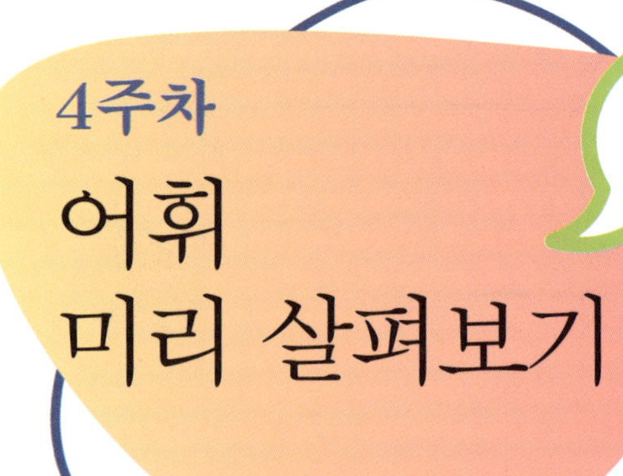

교과서 어휘력이 문해력의 시작이다!

- 한글의 어휘력 · 독해력 · 문해력을 그만 무시!
- 어휘력 · 독해력 · 문해력 실력은 모든 학업의 기본!
- 어휘력 · 독해력 · 문해력을 해결하려면 낱말 반복 복습부터 시작!
- 초등학교 교과서의 어휘력 · 독해력 · 문해력 해결은 명문대 입학의 지름길!

1회
국어 교과서 어휘

문장 / 배우다 / 달라지다 / 붙이다 /
표현하다 / 원래 / 문장 부호 / 구별 /
느낌 / 쓰임

공부한 날 (　)월 (　)일

2회
수학 교과서 어휘

묶음 / 십~십구 / 낱개 / 열~열아홉 /
정도 / 이십~오십 / 순서 / 스물~쉰

공부한 날 (　)월 (　)일

3회

국어 교과서 어휘

**알아듣다 / 겹치다 / 쌍받침 / 어울리다 /
키득키득 / 휘둥그레 / 솟아오르다 / 헤치다 /
기운차다 / 소개하다**

공부한 날 ( )월 ( )일

4회

탐험 교과서 어휘

**일부분 / 응원하다 / 탐험 / 상상하다 /
휘파람 / 호흡 / 장애물 / 올바르다 /
주제 / 궁금하다**

공부한 날 ( )월 ( )일

· 더 해보아요
· 받아쓰기를 해보아요
· 어린왕자와 사막여우를 만나러 가요
· 독해력이 쑥쑥쑥
· 문해력이 쑥쑥쑥

6. 또박또박 읽어요

낱말 뜻을 이해하고 낱말의 쓰임을 완벽하게 익혀볼까요?

문장

(뜻) : 말이나 글로 어떤 내용이나 생각을 나타내는 말의 단위.
(교과서 예문) 문장을 알맞게 소리 내어 읽기

⊙ **낱말을 따라 써 볼까요?**

| 문 | 장 | | 문 | 장 | | 문 | 장 | | 문 | 장 | | 문 | 장 | |

⊙ **글을 따라 써 볼까요?**

| 소 | 리 | 내 | 어 | | 문 | 장 | 을 | | 읽 | 었 | 어 | 요 | |

문장 낱말을 넣어 짧은 글짓기를 해 볼까요? (예) 문장을 알맞게 띄어 읽었어요.

문장 :

배우다

(뜻) : 새로운 지식이나 교양을 익히다.
(교과서 예문) 배울 내용 살펴보기

⊙ **낱말을 따라 써 볼까요?**

| 배 | 우 | 다 | | 배 | 우 | 다 | | 배 | 우 | 다 | | 배 | 우 | 다 |

⊙ **글을 따라 써 볼까요?**

| 학 | 교 | 에 | 서 | | 글 | 짓 | 기 | 를 | | 배 | 웠 | 어 | 요 |

배우다 낱말을 넣어 짧은 글짓기를 해 볼까요? (예) 작년부터 영어를 배우기 시작했어요.

배우다 :

달라지다 (뜻) : 변해서 전과 다르게 되다.
(교과서 예문) 띄어 읽기에 따라 문장의 뜻이 어떻게 달라지는지 생각해 봐요.

⊙ 낱말을 따라 써 볼까요?

| 달 | 라 | 지 | 다 | | 달 | 라 | 지 | 다 | | 달 | 라 | 지 | 다 | |

⊙ 글을 따라 써 볼까요?

| 동 | 생 | | 행 | 동 | 이 | | 많 | 이 | | 달 | 라 | 졌 | 어 | 요 |

달라지다 낱말을 넣어 짧은 글짓기를 해 볼까요? (예) 감기에 걸리면 목소리가 달라져요.

달라지다 :

붙이다 (뜻) : 맞대어 떨어지지 않게 하다.
(교과서 예문) **보기** 처럼 문장을 소리 내어 읽고 알맞은 그림을 붙여 봅시다.

⊙ 낱말을 따라 써 볼까요?

| 붙 | 이 | 다 | | 붙 | 이 | 다 | | 붙 | 이 | 다 | | 붙 | 이 | 다 |

⊙ 글을 따라 써 볼까요?

| 색 | 종 | 이 | 를 | | 오 | 려 | 서 | | 붙 | 였 | 어 | 요 | | |

붙이다 낱말을 넣어 짧은 글짓기를 해 볼까요? (예) 엄마가 오이를 잘라서 얼굴에 붙였어요.

붙이다 :

표현하다 (뜻) : 느낌이나 생각을 말이나 글, 또는 행동 등으로 나타내다.
(교과서 예문) 선생님께서 보여 주시는 문장을 소리 내어 읽고 몸으로 표현해 봅시다.

⊙ 낱말을 따라 써 볼까요?

| 표 | 현 | 하 | 다 | | 표 | 현 | 하 | 다 | | 표 | 현 | 하 | 다 |

⊙ 글을 따라 써 볼까요?

| 글 | 로 | | 내 | | 마 | 음 | 을 | | 표 | 현 | 했 | 어 | 요 |

표현하다 낱말을 넣어 짧은 글짓기를 해 볼까요? (예) 선생님께 감사의 표현으로 편지를 썼어요.

표현하다 :

6. 또박또박 읽어요

낱말 뜻을 이해하고 낱말의 쓰임을 완벽하게 익혀볼까요?

국어 교과서 어휘
수록 교과서 국어 1-1④

원래

(뜻) : 처음 시작할 때의 것.
(교과서 예문) 알맞은 목소리로 또박또박 읽지 못하면 원래 자리로 돌아간다.

⊙ **낱말을 따라 써 볼까요?**

| 원 | 래 | | 원 | 래 | | 원 | 래 | | 원 | 래 | | 원 | 래 | |

⊙ **글을 따라 써 볼까요?**

| 그 | | 장 | 난 | 감 | 은 | | 원 | 래 | | 내 | | 거 | 예 | 요 |

원래 낱말을 넣어 짧은 글짓기를 해 볼까요? (예) 서랍 안에는 원래부터 아무 것도 없었어요.

원래 :

문장 부호

(뜻) : 쉼표(,), 물음표(?), 느낌표(!), 마침표(.)처럼 문장에 찍는 부호.
(교과서 예문) 문장 부호의 이름을 말하고 바르게 써 봅시다.

⊙ **낱말을 따라 써 볼까요?**

| 문 | 장 | | 부 | 호 | | 문 | 장 | | 부 | 호 | | | | |

⊙ **글을 따라 써 볼까요?**

| 문 | 장 | | 부 | 호 | 를 | | 정 | 확 | 하 | 게 | | 썼 | 어 | 요 |

문장 부호 낱말을 넣어 짧은 글짓기를 해 볼까요? (예) 나는 글을 읽을 때 문장 부호를 눈여겨 봐요.

문장 부호 :

구별

(뜻) : 무엇과 무엇을 따로 갈라놓는 것.
(예문) 문장 부호를 구별해서 사용해요.

◉ 낱말을 따라 써 볼까요?

| 구 | 별 | | 구 | 별 | | 구 | 별 | | 구 | 별 | | 구 | 별 | |

◉ 글을 따라 써 볼까요?

| 연 | 필 | 과 | | 볼 | 펜 | 을 | | 구 | 별 | 해 | | 놨 | 어 | 요 |

구별 낱말을 넣어 짧은 글짓기를 해 볼까요? (예) 동생 양말과 내 양말은 구별이 잘 안 돼요.

구별 :

느낌

(뜻) : 몸이나 마음에서 일어나는 기운이나 감정.
(교과서 예문) 느낌을 나타내는 문장 끝에 쓴다.

◉ 낱말을 따라 써 볼까요?

| 느 | 낌 | | 느 | 낌 | | 느 | 낌 | | 느 | 낌 | | 느 | 낌 | |

◉ 글을 따라 써 볼까요?

| 그 | | 그 | 림 | 은 | | 느 | 낌 | 이 | | 좋 | 아 | 요 | |

느낌 낱말을 넣어 짧은 글짓기를 해 볼까요? (예) 고양이 털을 만져보니 느낌이 부드러웠어요.

느낌 :

쓰임

(뜻) : 뭔가에 쓰이는 일이나 쓰이는 곳.
(교과서 예문) 문장 부호와 그 쓰임을 선으로 이어 봅시다.

◉ 낱말을 따라 써 볼까요?

| 쓰 | 임 | | 쓰 | 임 | | 쓰 | 임 | | 쓰 | 임 | | 쓰 | 임 | |

◉ 글을 따라 써 볼까요?

| 그 | 릇 | 마 | 다 | | 쓰 | 임 | 이 | | 달 | 라 | 요 | | |

쓰임 낱말을 넣어 짧은 글짓기를 해 볼까요? (예) 파란 가방은 쓰임새가 아주 다양해요.

쓰임 :

더 해보아요

앞에서 공부한 낱말들을 떠올리며 문제를 풀어 볼까요?

1) 뜻에 알맞은 낱말을 글자판에서 찾아 묶고 (   )에 써 볼까요?

(낱말을 가로, 세로 방향으로 찾으면 되어요)

구	별	붙	달
느	낌	이	라
배	우	다	지
표	현	하	다

(1) 새로운 지식이나 교양을 익히다. (   )

(2) 맞대어 떨어지지 않게 하다. (   )

(3) 변해서 전과 다르게 되다. (   )

(4) 느낌이나 생각을 말이나 글, 또는 행동 등으로 나타내다.
(   )

2) 낱말의 뜻을 (보기)에서 찾아 사다리를 타고 내려간 곳에 기호를 쓸까요?

보기
ㄱ 뭔가에 쓰이는 일이나 쓰이는 곳.　　ㄴ 처음 시작할 때의 것.
ㄷ 무엇과 무엇을 따로 갈라놓는 것.　　ㄹ 몸이나 마음에서 일어나는 기운이나 감정.

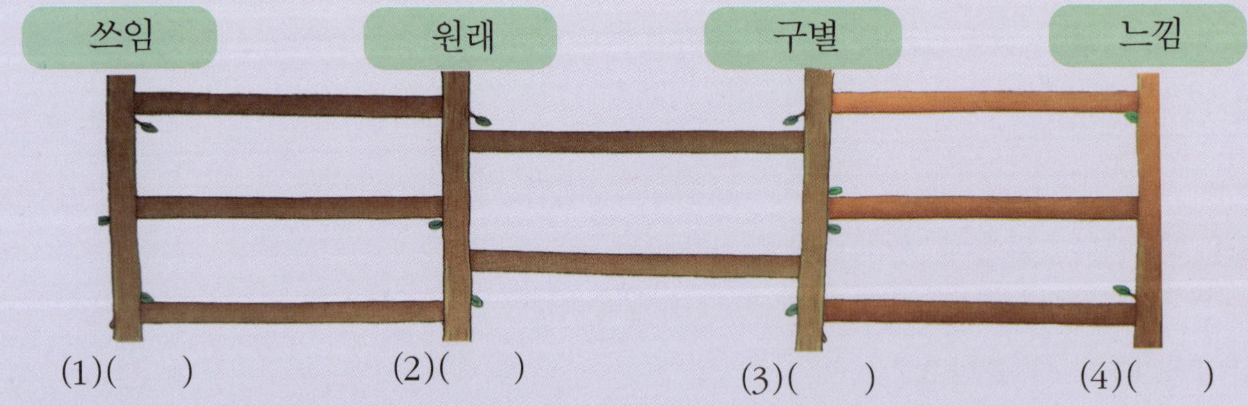

3) 밑줄 친 낱말을 알맞게 사용한 친구에게 O표 해 볼까요?

4) 문장에 어울리는 낱말을 (보기)에서 찾아 (   )에 써 볼까요?

> 보기 :   붙이고   원래   표현

(1)상자를 테이프로 (   ) 창고에 넣었어요.

(2)기쁜 마음을 말로 (   )하기 어려웠어요.

(3)동생은 (   ) 개구쟁이라서 항상 말썽을 피워요.

5) 문장 부호의 이름을 (보기)에서 찾아 (   )에 써 볼까요?

> 보기 :   물음표   쉼표   느낌표   마침표

,   !   .   ?

(1) (   )   (2) (   )   (3) (   )   (4) (   )

*앞에서 배운 낱말 중에 잘 알고 있는 것에 O를 할까요?

(   )문장 (   )배우다 (   )달라지다 (   )붙이다 (   )표현하다

(   )원래 (   )문장 부호 (   )구별 (   )느낌 (   )쓰임

*오늘 있었던 일 중에서 낱말 두 가지를 정하여 짧은 글짓기를 해 볼까요?

(예) 짝꿍 : 오늘은 짝꿍을 바꾸는 날이에요. 아침부터 가슴이 설레었어요.

(1)

(2)

5. 50까지의 수

낱말 뜻을 이해하고 낱말의 쓰임을 완벽하게 익혀볼까요?

묶음

(뜻) : 여럿을 한데 모아서 묶어 놓은 뭉치.
(교과서 예문) 10개씩 묶음 1개와 낱개 2개를 12라고 해.

⊙ 낱말을 따라 써 볼까요?

| 묶 | 음 | | 묶 | 음 | | 묶 | 음 | | 묶 | 음 | | 묶 | 음 | |

⊙ 글을 따라 써 볼까요?

| 20 | 개 | 씩 | | 묶 | 음 | | 2 | 개 | 는 | | 40 | 개 | 예 | 요 |

묶음 낱말을 넣어 짧은 글짓기를 해 볼까요? (예) 선생님이 종이 묶음을 책상 위에 올려놨어요.

묶음 :

십~십구

(뜻) : 10, 11, 12, 13, 14, 15, 16, 17, 18, 19까지의 수.
(예문) : 10, 11, 12, 13, 14, 15, 16, 17, 18, 19를 알아볼까요?

⊙ 수를 한글로 써 볼까요?

10	11	12	13	14	15	16	17	18	19
십	십일	십이	십삼	십사	십오	십육	십칠	십팔	십구

⊙ 글을 따라 써 볼까요?

| 십 | 십 | 일 | 십 | 이 | 십 | 삼 | 십 | 사 | 십 | 오 | 십 | 육 |

| 십 | 칠 | 십 | 팔 | 십 | 구 |

십~십구 낱말을 넣어 짧은 글짓기를 해 볼까요? (예) 동생이 십부터 십구까지 자신있게 세었어요.

십~십구 :

(뜻) : 여럿 중에서 떨어져 있는 한 개 한 개.
(교과서 예문) 10개씩 묶어 보고 10개씩 묶음과 낱개의 수를 써 봅시다.

⊙ 낱말을 따라 써 볼까요?

| 낱 | 개 | | 낱 | 개 | | 낱 | 개 | | 낱 | 개 | | 낱 | 개 | |

⊙ 글을 따라 써 볼까요?

| 달 | 걀 | 은 | | 낱 | 개 | 로 | | 안 | | 팔 | 아 | 요 | |

낱개 낱말을 넣어 짧은 글짓기를 해 볼까요? (예) 백화점에서 낱개로 포장된 양말 두 켤레를 샀어요.

낱개 :

(뜻) : 열하나, 열둘, 열셋, 열넷, 열다섯, 열여섯, 열일곱, 열여덟, 열아홉까지 수효를 세는 수. / (예문) 열하나부터 열아홉까지 수를 세었어요.

⊙ 숫자를 따라 써 볼까요?

10	11	12	13	14	15	16	17	18	19
열	열하나	열둘	열셋	열넷	열다섯	열여섯	열일곱	열여덟	열아홉

⊙ 글을 따라 써 볼까요?

| 열 | 열 | 하 | 나 | 열 | 둘 | 열 | 셋 | 열 | 넷 | 열 | 다 | 섯 |

| 열 | 여 | 섯 | 열 | 일 | 곱 | 열 | 여 | 덟 | 열 | 아 | 홉 |

열하나~열아홉 낱말을 넣어 짧은 글짓기를 해 볼까요? (예) 사과를 열하나부터 열아홉까지 세었어요.

열하나~열아홉 :

5. 50까지의 수

낱말 뜻을 이해하고 낱말의 쓰임을 완벽하게 익혀볼까요?

정도

(뜻) : 무엇의 분량이나 수준.
(교과서 예문) 30개 정도 될 것 같아. 세어 보자.

⊙ **낱말을 따라 써 볼까요?**

정	도		정	도		정	도		정	도		정	도

⊙ **글을 따라 써 볼까요?**

돈	이		오	천		원		정	도		필	요	해	요

정도 낱말을 넣어 짧은 글짓기를 해 볼까요? (예) 학교에서 우리 집까지는 삼십 분 정도 걸어가야 해요.

정도 :

이십~오십

(뜻) : 20, 30, 40, 50의 수효를 세는 수.
(예문) 포도를 이십, 삼십, 사십, 오십 묶음으로 나눴어요.

⊙ **낱말을 따라 써 볼까요?**

이	십		삼	십		사	십		오	십				

⊙ **글을 따라 써 볼까요?**

10	송	이	씩		묶	은		꽃	이		2	다	발	이
면		이	십		송	이		3	다	발	이	면		서
른		송	이		4	다	발	이	면		사	십		송
이		5	다	발	이	면		오	십		송	이	예	요

(뜻) : 정해져 있는 차례.
(교과서 예문) 50까지 수의 순서를 알아볼까요

⊙ **낱말을 따라 써 볼까요?**

순	서		순	서		순	서		순	서		순	서	

⊙ **글을 따라 써 볼까요?**

키		순	서	대	로		줄	을		섰	어	요	

순서 낱말을 넣어 짧은 글짓기를 해 볼까요? (예) 모든 일에는 순서가 있어요.

순서 :

(뜻) : 20, 30, 40, 50까지 수효를 세는 수.
(예문) 10개씩 묶음이 2개면 스물, 3개면 서른, 4개면 마흔, 5개면 쉰이 되어요.

⊙ **낱말을 따라 써 볼까요?**

스	물		서	른		마	흔		쉰				

⊙ **글을 따라 써 볼까요?**

스	무	개	에	다		열		개	를		보	태	면
서	른	개	이	고		열		개	를		더		보
태	면		마	흔		개	이	고		열		개	를
더		보	태	면		쉰		개	가		되	어	요

스물~쉰 낱말을 넣어 짧은 글짓기를 해 볼까요? (예) 스무 개 더하기 서른 개는 쉰 개예요.

스물~쉰 :

더 해보아요

앞에서 공부한 낱말들을 떠올리며 문제를 풀어 볼까요?

1) 빈칸에 알맞은 수와 숫자를 써 볼까요?

10	11	12	13	14
십	(1)	십이	십삼	십사
열	열하나	열둘	(2)	열넷

15	16	17	18	19
십오	십육	(3)	십팔	십구
열다섯	열여섯	열일곱	열여덟	(4)

20	21	22	23	24
이십	이십일	이십이	(5)	이십사
스물	스물하나	(6)	스물셋	스물넷

25	26	27	28	29
이십오	이십육	이십칠	(7)	이십구
스물다섯	(8)	스물일곱	스물여덟	스물아홉

30	31	32	33	34
삼십	(9)	삼십이	삼십삼	삼십사
서른	서른하나	(10)	서른셋	서른넷

35	36	37	38	39
삼십오	삼십육	(11)	삼십팔	삼십구
(12)	서른여섯	서른일곱	서른여덟	서른아홉

40	41	42	43	44
사십	사십일	(13)	사십삼	사십사
마흔	(14)	마흔둘	마흔셋	마흔넷

45	46	47	48	49
사십오	사십육	(15)	사십팔	사십구
(16)	마흔여섯	마흔일곱	마흔여덟	마흔아홉

2) 문장에 어울리는 낱말을 (보기)에서 찾아 (   )에 써 볼까요?

보기 :   정도   낱개   순서

(1)정해져 있는 차례를 (   )라고 해요. .

(2)무엇의 분량이나 수준을 (   )라고 해요.

(3)여럿 가운데 떨어져 있는 한 개 한 개를 (   )라고 해요.

3) 그림을 보고 (   ) 안에서 알맞은 낱말을 골라 O표 해 볼까요?

사과가 10개씩 (낱개, 묶음) 2개와 (낱개, 묶음) 3개가 있다.

*앞에서 배운 낱말 중에 잘 알고 있는 것에 O를 할까요?

(   )묶음 (   )십~십구 (   )낱개 (   )열~열아홉

(   )정도 (   )이십~오십 (   )순서 (   )스물~쉰

*오늘 있었던 일 중에서 낱말 두 가지를 정하여 짧은 글짓기를 해 볼까요?

(예) 외할머니 : 오늘 외할머니가 오셨어요. 얼마나 반가웠는지 몰라요.

(1)

(2)

7. 알맞은 낱말을 찾아요

낱말 뜻을 이해하고 낱말의 쓰임을 완벽하게 익혀볼까요?

국어 교과서 어휘
수록 교과서 교과서 국어 1-1④

알아듣다

(뜻) : 남의 말을 듣고 뜻을 알다.
(교과서 예문) 곰은 왜 사자의 설명을 알아듣기 어려웠을까요?

◉ 낱말을 따라 써 볼까요?

| 알 | 아 | 듣 | 다 | | 알 | 아 | 듣 | 다 | | 알 | 아 | 듣 | 다 | |

◉ 글을 따라 써 볼까요?

| 누 | 나 | 는 | | 알 | 아 | 듣 | 기 | | 쉽 | 게 | | 말 | 해 | 요 |

알아듣다 낱말을 넣어 짧은 글짓기를 해 볼까요? (예) 강아지는 가족 발걸음 소리를 알아들어요.

알아듣다 :

겹치다

(뜻) : 둘 이상을 서로 덧놓거나 포개다. / (교과서 예문) 문장에서 같은 자음자가 겹쳐서 된 받침이 들어간 글자를 찾아 O표를 해 봅시다.

◉ 낱말을 따라 써 볼까요?

| 겹 | 치 | 다 | | 겹 | 치 | 다 | | 겹 | 치 | 다 | | 겹 | 치 | 다 |

◉ 글을 따라 써 볼까요?

| 감 | 기 | 에 | | 배 | 탈 | 까 | 지 | | 겹 | 쳤 | 어 | 요 | |

겹치다 낱말을 넣어 짧은 글짓기를 해 볼까요? (예) 종이 세 장을 겹쳐서 놓았어요.

겹치다 :

쌍받침

(뜻) : 서로 같은 두 개의 자음자가 겹쳐서 된 받침. / (교과서 예문) '낚', '갔', '닭', '았'
의 받침 ㄲ, ㅆ처럼 같은 자음자가 겹쳐서 된 받침을 쌍받침이라고 해요.

◉ 낱말을 따라 써 볼까요?

| 쌍 | 받 | 침 | | 쌍 | 받 | 침 | | 쌍 | 받 | 침 | | 쌍 | 받 | 침 |

◉ 글을 따라 써 볼까요?

| 어 | 제 | | 쌍 | 받 | 침 | | 글 | 자 | 를 | | 익 | 혔 | 어 | 요 |

쌍받침 낱말을 넣어 짧은 글짓기를 해 볼까요? (예) '묶다', '깎다', '찼다'는 쌍받침이 들어간 낱말이에요.

쌍받침 :

어울리다

(뜻) : 두 가지 이상의 것이 잘 맞아 자연스럽게 보이다.
(교과서 예문) 알맞은 낱말을 보기 에서 골라 그림에 어울리는 문장을 만들어 봅시다.

◉ 낱말을 따라 써 볼까요?

| 어 | 울 | 리 | 다 | | 어 | 울 | 리 | 다 | | 어 | 울 | 리 | 다 |

◉ 글을 따라 써 볼까요?

| 청 | 바 | 지 | 에 | | 모 | 자 | 가 | | 잘 | | 어 | 울 | 려 | 요 |

어울리다 낱말을 넣어 짧은 글짓기를 해 볼까요? (예) 친구와 나는 싸우지 않고 잘 어울려 놀아요.

어울리다 :

키득키득

(뜻) : 웃음을 참지 못하여 자꾸 새어 나오는 웃음소리.
(교과서 예문) 아이들이 뒹굴뒹굴 키득키득 그림책을 들여다보고 있더라.

◉ 낱말을 따라 써 볼까요?

| 키 | 득 | 키 | 득 | | 키 | 득 | 키 | 득 | | 키 | 득 | 키 | 득 |

◉ 글을 따라 써 볼까요?

| 키 | 득 | 키 | 득 | | 웃 | 는 | | 소 | 리 | 가 | | 들 | 려 | 요 |

키득키득 낱말을 넣어 짧은 글짓기를 해 볼까요? (예) 강아지가 키득키득 웃는 것 같았어요.

키득키득 :

7. 알맞은 낱말을 찾아요

낱말 뜻을 이해하고 낱말의 쓰임을 완벽하게 익혀볼까요?

국어 교과서 어휘
수록 교과서 교과서 국어 1-1 ㉯

휘둥그레 (뜻) : 놀라거나 두려워서 눈이 크고 동그랗게 되는 모양.

(교과서 예문) 눈은 휘둥그레, 귀는 쫑긋, 한눈에 반하고야 말았어.

⊙ 낱말을 따라 써 볼까요?

| 휘 | 둥 | 그 | 레 | | 휘 | 둥 | 그 | 레 | | 휘 | 둥 | 그 | 레 | |

⊙ 글을 따라 써 볼까요?

| 강 | 아 | 지 | | 눈 | 이 | | 휘 | 둥 | 그 | 레 | 졌 | 어 | 요 |

휘둥그레 낱말을 넣어 짧은 글짓기를 해 볼까요? (예) 아기가 휘둥그레진 눈으로 나를 보았어요.

휘둥그레 :

솟아오르다 (뜻) : 아래에서 위로 곧바로 세게 오르다.

(교과서 예문) 어느새 꼬리도 하늘 높이 번쩍 솟아올랐지.

⊙ 낱말을 따라 써 볼까요?

| 솟 | 아 | 오 | 르 | 다 | | 솟 | 아 | 오 | 르 | 다 | | | | |

⊙ 글을 따라 써 볼까요?

| 연 | 이 | | 높 | 이 | | 솟 | 아 | 올 | 랐 | 어 | 요 | | | |

솟아오르다 낱말을 넣어 짧은 글짓기를 해 볼까요? (예) 분수가 힘차게 솟아올랐어요.

솟아오르다 :

헤치다

(뜻) : 앞을 가로막는 것을 뚫고 지나가다.
(교과서 예문) 끝없는 다리를 건너서 눈보라를 헤치고 우주 끝까지!

⊙ **낱말을 따라 써 볼까요?**

| 헤 | 치 | 다 | | 헤 | 치 | 다 | | 헤 | 치 | 다 | | 헤 | 치 | 다 |

⊙ **글을 따라 써 볼까요?**

| 흙 | 을 | | 파 | 헤 | 치 | 고 | | 씨 | 를 | | 뿌 | 렸 | 어 | 요 |

헤치다 낱말을 넣어 짧은 글짓기를 해 볼까요? (예) 물살을 헤치고 힘차게 수영을 했어요.

헤치다 :

기운차다

(뜻) : 힘이 넘치고 활발하다.
(교과서 예문) 용기가 있으며 씩씩하고 기운찬.

.⊙ **낱말을 따라 써 볼까요?**

| 기 | 운 | 차 | 다 | | 기 | 운 | 차 | 다 | | 기 | 운 | 차 | 다 |

⊙ **글을 따라 써 볼까요?**

| 아 | 기 | 가 | | 기 | 운 | 차 | 게 | | 일 | 어 | 섰 | 어 | 요 |

기운차다 낱말을 넣어 짧은 글짓기를 해 볼까요? (예) 나는 선생님 질문에 기운차게 대답했어요.

기운차다 :

소개하다

(뜻) : 모르는 사실이나 내용을 잘 알 수 있도록 설명하다.
(교과서 예문) 재미있게 읽은 책을 친구들에게 소개해 보세요.

⊙ **낱말을 따라 써 볼까요?**

| 소 | 개 | 하 | 다 | | 소 | 개 | 하 | 다 | | 소 | 개 | 하 | 다 |

⊙ **글을 따라 써 볼까요?**

| 새 | 로 | | 나 | 온 | | 책 | 을 | | 소 | 개 | 할 | 게 | 요 |

소개하다 낱말을 넣어 짧은 글짓기를 해 볼까요? (예) 친구한테 재미있는 동화책을 소개했어요.

소개하다 :

더 해보아요

앞에서 공부한 낱말들을 떠올리며 문제를 풀어 볼까요?

1) 낱말의 뜻이 무엇인지 (   ) 안에서 골라 O표 해 볼까요?

(1) 알아듣다 = 남의 말을 듣고 뜻을 (모르다 / 알다).

(2) 겹치다 = 둘 이상을 서로 덧놓거나 (떼어놓다 / 포개다).

(3) 어울리다 = 두 가지 이상의 것이 잘 맞아서 (어색하게 / 자연스럽게) 보이다.

(4) 솟아오르다 = 아래에서 위로 곧바로 (세게 / 약하게) 오르다.

(5) 쌍받침 = 서로 같은 두 개의 (모음자 / 자음자)가 겹쳐서 된 받침.

2) 문장에 어울리는 낱말을 (   ) 안에서 골라 O표 해 볼까요?

(1) 동생이 만화를 보면서 (키득키득 / 소곤소곤) 웃어요.

(2) 내가 소리를 지르면 강아지가 눈을 (슬금슬금 / 휘둥그레) 뜨고 바라봐요.

(3) 엄마가 친척한테 나를 (소개하며 / 놀리며) 인사하라고 하셨어요.

(4) 둥근 해가 구름을 (해치고 / 헤치고) 얼굴을 디밀었어요.

3) 빈칸에 들어갈 알맞은 낱말을 찾아 선을 긋고 (   )에 써 볼까요?

(1) 내 동생은 항상 (   ) 놀아요. · · 솟아오르고

(2) 나는 다른 애들하고도 잘 (   ) 놀아요. · · 기운차게

(3) 공원 분수가 (   ) 새들은 더 높이 날아요. · · 어울려

(4) 친구가 자기를 (   ) 사이좋게 지내자고 했어요. · · 알아듣지

(5) 선생님 설명을 (   ) 못해서 다시 여쭤봤어요. · · 소개하며

4) 뜻이 비슷한 낱말끼리 짝 지어진 것을 모두 골라 볼까요?(,   )

 (1)기운차다 - 씩씩하다

 (2)어울리다 - 함께 놀다

 (3)솟아오르다 - 팽개치다

5) 밑줄 친 낱말을 알맞게 사용한 친구에게 O표 해 볼까요?

(1)(   )   (2)(   )   (3)(   )

*앞에서 배운 낱말 중에 잘 알고 있는 것에 O를 할까요?

(   )알아듣다 (   )겹치다 (   )쌍받침 (   )어울리다 (   )키득키득

(   )휘둥그레 (   )솟아오르다 (   )헤치다 (   )기운차다 (   )소개하다

*오늘 있었던 일 중에서 낱말 두 가지를 정하여 짧은 글짓기를 해 볼까요?

(예) 방석 : 엄마가 꽃무늬가 예쁜 방석을 사왔어요.

 (1)

 (2)

탐험

낱말 뜻을 이해하고 낱말의 쓰임을 완벽하게 익혀볼까요?

탐험 교과서 어휘
수록 교과서 탐험 1-1

일부분

(뜻) : 전체의 한 부분, 또는 전체를 여럿으로 나눈 얼마.
(교과서 예문) 어떤 물건의 일부분인지 이야기해 볼까요?

◉ 낱말을 따라 써 볼까요?

일	부	분		일	부	분		일	부	분		일	부	분

◉ 글을 따라 써 볼까요?

사	과		일	부	분	이		썩	었	어	요		

일부분 낱말을 넣어 짧은 글짓기를 해 볼까요? (예) 용돈 일부분을 떼어 저축하기로 했어요.

일부분 :

응원하다

(뜻) : 운동 경기 때 선수들이 힘을 낼 수 있도록 도와주다.
(교과서 예문) 우리도 서로 응원하며 먼 세상으로 나가 볼까요?

◉ 낱말을 따라 써 볼까요?

응	원	하	다		응	원	하	다		응	원	하	다	

◉ 글을 따라 써 볼까요?

신	나	게		우	리		팀	을		응	원	했	어	요

응원하다 낱말을 넣어 짧은 글짓기를 해 볼까요? (예) 축구 선수들을 큰소리로 응원했어요.

응원하다 :

탐험

(뜻) : 위험을 무릅쓰고 알려지지 않은 곳을 찾아다니며 살피는 것.
(교과서 예문) 궁금한 세상을 탐험하려면 무엇이 필요할까?

◉ 낱말을 따라 써 볼까요?

| 탐 | 험 | | 탐 | 험 | | 탐 | 험 | | 탐 | 험 | | 탐 | 험 | |

◉ 글을 따라 써 볼까요?

| 탐 | 험 | 가 | 는 | | 호 | 기 | 심 | 이 | | 많 | 아 | 요 | |

탐험 낱말을 넣어 짧은 글짓기를 해 볼까요? (예) 내 꿈은 달을 탐험하는 거예요.

탐험 :

상상하다

(뜻) : 보이지 않는 것의 모양을 마음속으로 그려 보다.
(교과서 예문) 탐험을 상상하며 노래를 불러 볼까요?

◉ 낱말을 따라 써 볼까요?

| 상 | 상 | 하 | 다 | | 상 | 상 | 하 | 다 | | 상 | 상 | 하 | 다 |

◉ 글을 따라 써 볼까요?

| 내 | | 미 | 래 | 를 | | 상 | 상 | 해 | | 보 | 았 | 어 | 요 |

상상하다 낱말을 넣어 짧은 글짓기를 해 볼까요? (예) 동화 속 주인공 모습을 상상해 보았어요.

상상하다 :

휘파람

(뜻) : 입술을 동그랗게 오므리고 입김을 불어서 소리를 내는 것.
(교과서 예문) 휘파람 소리가 꼭 찬 바람이 부는 것 같아!

◉ 낱말을 따라 써 볼까요?

| 휘 | 파 | 람 | | 휘 | 파 | 람 | | 휘 | 파 | 람 | | 휘 | 파 | 람 |

◉ 글을 따라 써 볼까요?

| 아 | 빠 | 는 | | 휘 | 파 | 람 | 을 | | 잘 | | 불 | 어 | 요 |

휘파람 낱말을 넣어 짧은 글짓기를 해 볼까요? (예) 아빠한테 휘파람 부는 방법을 배웠어요.

휘파람 :

탐험

낱말 뜻을 이해하고 낱말의 쓰임을 완벽하게 익혀볼까요?

호흡

(뜻) : 두 사람 이상이 함께 일할 때의 서로의 마음. / 다른 뜻 : 숨을 내쉬고 들여 마심.
(교과서 예문) 둘의 호흡이 중요해!

◉ 낱말을 따라 써 볼까요?

| 호 | 흡 | | 호 | 흡 | | 호 | 흡 | | 호 | 흡 | | 호 | 흡 | |

◉ 글을 따라 써 볼까요?

| 짝 | 과 | | 나 | 는 | | 호 | 흡 | 이 | | 잘 | | 맞 | 아 | 요 |

호흡 낱말을 넣어 짧은 글짓기를 해 볼까요? (예) 이어달리기는 팀의 호흡이 중요해요.

호흡 :

장애물

(뜻) : 방해가 되거나 거치적거리는 물건이나 사실.
(교과서 예문) 장애물 통과하기

◉ 낱말을 따라 써 볼까요?

| 장 | 애 | 물 | | 장 | 애 | 물 | | 장 | 애 | 물 | | 장 | 애 | 물 |

◉ 글을 따라 써 볼까요?

| 넘 | 어 | 야 | | 할 | | 장 | 애 | 물 | 이 | | 많 | 아 | 요 |

장애물 낱말을 넣어 짧은 글짓기를 해 볼까요? (예) 축구를 하는데 장애물이 많았어요.

장애물 :

올바르다 (뜻) : 말이나 생각, 행동 따위가 옳고 바르다.
(교과서 예문) 스마트폰을 올바르게 사용하겠다는 다짐을 해 봐요!

⊙ 낱말을 따라 써 볼까요?

| 올 | 바 | 르 | 다 | | 올 | 바 | 르 | 다 | | 올 | 바 | 르 | 다 | |

⊙ 글을 따라 써 볼까요?

| 친 | 구 | 를 | | 올 | 바 | 른 | | 태 | 도 | 로 | | 대 | 해 | 요 |

올바르다 낱말을 넣어 짧은 글짓기를 해 볼까요? (예) 남을 흉보는 것은 올바른 태도가 아니에요.

올바르다 :

주제 (뜻) : 어떤 일에 중심이 되는 문제나 내용.
(교과서 예문) 주제 수업을 만들어서 해 볼까요?

⊙ 낱말을 따라 써 볼까요?

| 주 | 제 | | 주 | 제 | | 주 | 제 | | 주 | 제 | | 주 | 제 |

⊙ 글을 따라 써 볼까요?

| 주 | 제 | 를 | | 정 | 한 | | 뒤 | 에 | | 글 | 을 | | 써 | 요 |

주제 낱말을 넣어 짧은 글짓기를 해 볼까요? (예) 공룡을 주제로 연극을 해보고 싶어요.

주제 :

궁금하다 (뜻) : 매우 알고 싶다.
(교과서 예문) 책에서 궁금한 것을 찾을 수 있어요.

⊙ 낱말을 따라 써 볼까요?

| 궁 | 금 | 하 | 다 | | 궁 | 금 | 하 | 다 | | 궁 | 금 | 하 | 다 |

⊙ 글을 따라 써 볼까요?

| 생 | 일 | | 선 | 물 | 이 | | 몹 | 시 | | 궁 | 금 | 해 | 요 |

궁금하다 낱말을 넣어 짧은 글짓기를 해 볼까요? (예) 태어날 강아지 모습이 많이 궁금해요.

궁금하다 :

더 해보아요

앞에서 공부한 낱말들을 떠올리며 문제를 풀어 볼까요?

1) 뜻에 알맞은 낱말이 되도록 (보기)에서 글자를 찾아 써 볼까요?

보기 : 탐   일   올   장   응원

(1) 방해가 되거나 거치적거리는 물건이나 사실. = ☐ 애 물

(2) 운동 경기 때 선수들이 힘을 낼 수 있도록 도와주다. = ☐ ☐ 하 다

(3) 말이나 생각, 행동 따위가 옳고 바르다. = ☐ 바 르 다

(4) 전체의 한 부분, 또는 전체를 여럿으로 나눈 얼마. = ☐ 부 분

(5) 위험을 무릅쓰고 어떤 곳을 찾아가서 살펴보고 조사함. = ☐ 험

2) 뜻에 알맞은 낱말을 (   ) 안에서 골라 O표 해 볼까요?

(1) 매우 알고 싶다. (궁금하다 / 안전하다)

(2) 두 사람 이상이 함께 일할 때의 서로의 마음. (호흡 / 수면)

(3) 생각이나 활동을 이끌어 가는 중심이 되는 문제나 내용. (소제 / 주제)

(4) 입술을 오므리고 혀끝으로 입김을 불어 소리를 내는 일. (휘파람 / 마파람)

3) 문장에 어울리는 낱말을 (   ) 안에서 골라 O표 해 볼까요?

(1) 축구 경기를 보면서 우렁차게 우리 팀을 (응원 / 노래)했어요.

(2) 노래하다가 부드럽게 (휘파람 / 입바람)을 부는 가수 모습이 멋졌어요.

(3) 버스 안에서 할아버지께 자리를 양보하는 태도가 (올바르다 / 틀리다)고 생각해요

(4) 밭에 씨앗을 뿌리면 어떻게 될지 많이 (불편 / 궁금)해요.

4) 밑줄 친 낱말을 알맞게 사용한 친구에게 O표 해 볼까요?

(1)(　　　)　　　　　　(2)(　　　)　　　　　　(3)(　　　)

5) 그림을 보고 알맞은 낱말을 (보기)에서 찾아 (　　　)에 써 볼까요?

보기 :　　　휘파람　　　　탐험　　　　응원

(1)(　　　　　　)　　　　(2)(　　　　　　)　　　　(3)(　　　　　　)

*앞에서 배운 낱말 중에 잘 알고 있는 것에 O를 할까요?

(　　)일부분 (　　)응원하다 (　　)탐험 (　　)상상하다 (　　)휘파람

(　　)호흡 (　　)장애물 (　　)올바르다 (　　)주제 (　　)궁금하다

*오늘 있었던 일 중에서 낱말 두 가지를 정하여 짧은 글짓기를 해 볼까요?

(예) 꿈 : 아줌마가 나한테 꿈이 뭐냐고 물으셨어요. 아직은 잘 모르겠다고 했어요.

(1)

----

(2)

앞에서 배운 단어를 떠올리며 맞는 낱말에 O표를 하고 문장을 따라 써 볼까요?

1) 그 운동화는 (원래 / 월래) 누나가 신던 거예요.

2) 백화점에서 과자 (무끔 / 묶음)을 싸게 팔았어요.

3) 연필을 (낱개 / 낮게)로 사면 더 비싸요.

4) 비바람을 (헤치고 / 해치고) 학교로 향했어요.

5) 산에 갔는데 정말 (장에물 / 장애물)이 많았어요.

6) 강아지가 내 말을 (알아듣고 / 알아듯고) 뛰어왔어요.

7) 우리는 이웃과 다정하게 (어울리며 / 어울이며) 지내요.

----

8) 동생이 눈을 (휘둥그레 / 휘둥그래) 뜨고 나를 보았어요.

----

9) 둥근 해가 (소사오르고 / 솟아오르고) 날이 밝았어요.

----

10) 친구들에게 나를 (소게 / 소개)했어요.

〈어린왕자와 사막여우를 만나러 가요〉

*동화를 소리 내어 읽으며 앞에서 배운 낱말을 ☐ 안에 써 볼까요?

이른 아침이에요. 둥근 해가 구름을 헤치고 떠올랐어요.

"오늘 탐험 을 하려면 서둘러야 해."

어린왕자가 잠꾸러기 사막여우를 깨웠어요.

"오늘 무슨 일이 일어날지 정말 궁금해 . 너는 아주 잘할 수 있을 거야. 그렇지?"

"당연하지. 넌 어떤 장애물을 만나도 잘 헤쳐 나갈 수 있어!"

어린왕자와 사막여우는 서로를 응원 했어요. 그런데 사막여우의 가방을 살펴 본 어린왕자가 크게 놀라며 물었어요.

"바나나를 뭐 하러 잔뜩 챙긴 거야? 몇 개만 있어도 돼. 짐이 무거우면 힘들어서 안 돼."

바나나 외에도 망고도 잔뜩이었어요.

"열, 열하나, 열둘 ……."

가방을 가득 채운 망고를 세어 보던 어린왕자는 어이가 없었어요.

"너는 별로 안 먹지만 나는 이 정도는 먹어야 기운이 나거든."

어린왕자가 알아듣게 말해도 사막여우는 짐을 줄이지 않았어요.

"거의 일주일 이상 탐험을 떠나는 것 같네. 고작 하루인데……."

어린왕자 생각이 맞았어요. 언덕을 넘기도 전에 사막여우가 헉헉거렸어요.

“헉헉, 내 가방이 너무 무거운데 어쩌지…….”

앞서가던 어린왕자가 키득키득 웃으며 말했어요.

“탐험을 떠나려면 필요한 물건만 가져가야 한다고 말했잖아.”

“오늘 또 하나 배웠어 . 짐이 너무 무거워. ㉠그러니까 네가…….”

사막여우는 간절한 눈빛으로 어린왕자를 바라보았어요.

어린왕자는 사막여우의 짐을 풀어 헤쳐서 꼭 필요한 것만 챙겼어요.

“가방에서 뺀 물건은 여기 놔뒀다가 집으로 돌아갈 때 가져가면 돼.”

어린왕자는 사막여우 가방을 정리해서 넘겨줬어요.

“이젠 가방이 훨씬 가벼울 거야.”

“정말이네! 가방이 훨씬 가벼워졌어.”

사막여우가 가방을 매고 홀딱홀딱 뛰며 좋아했어요.

“원숭이처럼 뛰는 네 모습이 정말 너한테 어울린다 .”

사막여우도 깔깔대며 웃었어요.

“네 표현 이 정말 웃겼어.”

둘은 장난을 치며 앞으로 나아갔어요. 햇살은 몹시 따가웠지만 바람은 시원
했어요.

(나도 작가) 여러분이 그다음 이야기를 지어 볼까요?

사막여우 :

____

어린왕자 :

____

〈독해 실력이 쑥쑥쑥〉 

◉어린왕자와 사막여우 동화로 독해 실력을 높여 볼까요?(말주머니)

1) 이 글의 중심 내용은 무엇일까요? (   )

(1)어린왕자와 사막여우가 탐험을 떠난 날

(2)짐을 전혀 안 챙긴 사막여우

(3)어린왕자의 짐을 정리해 준 사막여우

(4)어린왕자가 먹을 과일을 많이 챙긴 사막여우

(5)무거운 짐 때문에 실패로 끝난 탐험

2) 이 글의 내용으로 알맞지 않은 것은 무엇일까요? (   )

(1)오늘은 탐험을 떠나는 날이다.

(2)사막여우는 너무 많은 짐을 챙겼다.

(3)어린왕자와 사막여우는 일주일 이상 탐험을 할 계획이다.

(4)사막여우는 어린왕자 말을 안 들은 것을 후회했다.

(5)어린왕자가 힘들어하는 사막여우의 짐을 정리해 주었다.

3) 어린왕자는 사막여우에게 왜 짐을 줄이라고 했을까요? (   )

(1)짐이 무거우면 힘이 드니까

(2)사막여우의 짐을 들어줘야 할 것 같아서

(3)짐 때문에 집으로 돌아올 수 없을 것 같아서.

(4)사막여우가 못 따라 올 것 같아서

(5)먹을 것을 다 못 먹고 버릴 것 같아서

 (해답 1)(1) / 2)(3) / 3)(1)

〈문해 실력이 쑥쑥쑥〉 

◉어린왕자와 사막여우 동화로 문해 실력을 높여 볼까요?

1) 어린왕자는 사막여우의 짐을 보고 왜 어이가 없었을까요?(   )

(1)꼭 필요한 짐만 챙긴 것이 신기해서

(2)일주일 이상 탐험을 하려면 이 정도 짐은 필요할 것 같아서

(3)너무 많은 짐이 가방을 가득 채워서

(4)사막여우의 짐을 같이 짊어져야 한다는 생각에

(5)필요 없는 짐은 버릴 것 같아서

2) ㉠에서 사막여우의 말뜻은 무엇일까요? (   )

(1)"나 좀 도와줘!"

(2)"나 혼자 집으로 돌아갈래."

(3)"너 먼저 가."

(4)"우리 여행을 그만두자."

(5)"집으로 돌아가서 짐을 덜어놓고 올게."

3) 이 글을 읽고 난 뒤 친구들의 의견 중에 누구의 의견이 옳은가요?

(1)(   )   (2)(   )

칭 찬 상

_____초등학교

___학년___반

이름 _______

나는 『어휘 방방이로 문해력을 뚝딱』
1단계 1과정을
즐겁게 공부한 멋진 어린이입니다.
앞으로도 어휘력·독해력·문해력·
박사가 되도록 노력할 것입니다.
지금의 노력이 오랫동안 이어지기를
바라며 이 상을 주어 칭찬합니다.

년   월   일

나의 노력으로 멋진 미래를 기대하며 (사 인   )

교과서 어휘
찾아보기

초등 1학년 1학기(1단계 1)에 수록된 어휘들을
과목별로 나누어 순서대로 정리하였습니다.

차례

국어 교과서 어휘 140~141페이지
수학 교과서 어휘 142페이지
학교 · 사람들 · 우리나라 · 탐험 교과서 어휘 143페이지

국어 교과서 어휘

수학 교과서 어휘

학교 · 사람들 · 우리나라 · 탐험 교과서 어휘

생각디딤돌 창작교실

생각디딤돌 창작교실은 소설가 · 동화작가 · 시인 · 수필가 · 역사학자 · 교수 · 교사 들이 참여하는 창작 공간입니다.

주로 국내 창작 위주의 책을 기획하며 우리나라 어린이들이 외국의 정서에 앞서 우리 고유의 정서를 먼저 배우고 익히기를 소원하는 작가들의 모임입니다.
『마법의 맞춤법 띄어쓰기(전8권)』『마법의 속담 따라 쓰기(전4권)』『마법의 사자소학 따라 쓰기(전2권)』『마법의 탈무드 따라 쓰기(전2권)』 등을 펴냈습니다.

문학나무 편집위원회 감수

문학나무 편집위원회는 소설가 윤후명 선생님을 비롯한 많은 소설가, 시인, 평론가 등이 활동하며 문예지 〈문학나무〉를 발간하고 있습니다.

동리문학원 감수

동리문학원은 소설가 황충상 원장님이 이끌어가는 창작 교실로 우리나라의 많은 문학 작가들의 활동 무대입니다.

집필 이종은

소설가 · 동화작가

집필 신희천

교육개발원 중등 국어 집필 및 심의위원(전)

어휘 방망이로 문해력을 뚝딱
1단계 1

초판 1쇄 발행 / 2025년 06월 20일

초판 1쇄 인쇄 / 2025년 06월 25일

집　필——　이종은 / 신희천 / 생각디딤돌 창작교실
감　수——　문학나무편집위원회 / 동리문학원
펴낸이——　이영애
펴낸곳——　도서출판 생각디딤돌
　　　　　　출판등록 2025년 6월 11일 제2025-000033호
　　　　　　전화 070-7690-2292　팩스 02-6280-2292

ISBN　979-11-993205-1-2(64710)
　　　　979-11-993205-0-5(세트)

ⓒ생각디딤돌